ええ、
会議が楽しい
ですが、
なにか？

Contents

はじめに

なぜいま、フューチャーセッションなのでしょう？

いまの社会はいろいろな意味で限界に来ていると思うんです。
総論は賛成でも各論になると異論が百出してまとまらない……。
そんな状況を何とかしたいと思う人は多いのでは？
この本を手に取ったあなたも、きっとそんな悩みをお持ちなんだと思います。
でもあなたはラッキーです！
そんな悩みを解決できるかもしれない可能性の一つと出会えたのですから。

僕はついこのまえまで東京の大企業に勤めていました。
毎日が会議の連続、日々起こる難しい問題を議論し決めていかなければなりませんでした。
10年くらい前までは、結構会議はうまく機能し、対応策がまとまっていたように思います。
やるべきこととやってはいけないこと、正しいことと正しくないこと、そんな判断が、儲かることと儲からないことの判断と齟齬なくほぼリンクしていたので、意思決定が比較的スムーズでした。
でも、近年になって、やりたいことをやろうとすると儲からない、儲けようとすると何かを犠牲にしなければならないといったように、価値判断や経営判断が複雑さを極めるようになってきました。いろいろなことが二元論、つまり善/悪とかYES/NOとかで語りきれなくなってきたのです。
当然、既存の会議のスタイルや、意思決定の方法では会議がうまく回らなくなってきました。
そんな際に出会ったのが野村恭彦さんの「フューチャーセッション」でした。
野村さんは会議に結論を求めませんでした。
目指すのは「協調アクション」であり､その会議の場での「結論」ではなかったのです。

「協調アクション」のことは本のなかで詳述しますが、簡単にイメージしていただくには、イワシの群れを思い浮かべていただくのがよいと思います。
イワシって、誰がリーダーで、どんな命令系統であんなダイナミックで統制のとれた動きをしていると思いますか？
僕はイワシになったことがないので、おそらくですが、リーダーはいないんです。
したがって、命令系統もありません。
なのになぜ、あんな一糸乱れぬ群れでの動きができるのか？

行動科学で、その謎が少しわかってきました。
アメリカのアニメーション・プログラマ、クレイグ・レイノルズが考案・作製した人工生命シミュレーションプログラムの boids なんかが有名どころなのですが、コンピュータサイエンスの世界で群知能、つまり単純なルールで複雑な群れの行動を説明するという試みが流行し、たくさんの知見が得られました。
そこでわかったことは、群れの行動は、他とぶつからないように距離をとる「分離（Separation）」と、他と概ね同じ方向に飛ぶように速度と方向を合わせる「整列（Alignment）」と、他が集まっている群れの中心方向へ向かいたがる「結合（Cohesion）」という単純な３つのルールによって制御できるということなんです。
イワシの群れの行動も、ほとんど同じような行動ルールでコンピューター上に再現できたのです。
要は、イワシにはリーダーはいない。
しかし、「仲間とぶつかりたくない」「仲間と動きたい」「仲間に近づきたい」という一匹一匹が持つ単純なル　ルによって、美しい「協調アクション」が引き起こされているということなんです。

これからの時代は、リーダーが命令し、全員がそれに従って世の中を良くするという時代ではなく、各自は自分の想いに従って行動しているだけなんだけれど、結果的に「協調アクション」が生まれて、世の中が良い方向に動いている、という時代なのではないでしょうか。

リーダーシップのイノベーションが起こっているんです。
「総論賛成、各論自由」のリーダーシップです。

フューチャーセッションをやっていると、自分の、そして世の中の「HAPPY」の量がとても増える実感があります。
僕はこの新しいリーダーシップのイノベーションに心酔しちゃったんですね。

なので、この考えかたを少しでも多くの人に伝えて、「HAPPY」の量が増える実感を味わってもらいたくて、この本を書きました。
ちょっと新興宗教みたいに聞こえるかもしれませんが、実際にやっていただければわかります。
長時間の会議が全然苦でなく、終わった後に不思議な幸福感とやる気に包まれると思います。

ええ、会議が楽しいですが、なにか？（笑）

フューチャーセッション
概　説

フューチャーセッションってなに?

FUTURE
（未 来）

（集団活動）

フューチャーセッションってなに？

従来の枠組みでは解決できない複雑な問題を

さまざまな人たちによる、従来の組織とは異なる関係性を使って
（多様性）

対話を通じて理解し、欲しい未来を共有し
（対話）

それに向かっての行動宣言をして
（未来志向）

協調アクションを生み出すことで

解決していくセッションのことです。

ひとりひとりが行動宣言（各論自由）
できる人が、できることを、やる！
▶ **協調アクションを起こす**

フューチャーセッションは

個人個人は自分の思いどおりに行動できるように

でも、全体も良い方向に大きく変わるように

合理的にかつ効率的に協調アクションを生むための方法論のひとつです。

従来の会議のような、判断したり、結論を求めたりといったニーズを手放すところがミソ。

会議で何かを決めても、結局みんなは決まったとおりにはなかなか動かないもの。
だったら、目指すべき未来だけはしっかり共有して、各論・方法論は各自の裁量に任せ、とにかく何か動こうよというわけです。

総論賛成、各論自由
未来を見据えて行動するだけ

目指すのは
協調アクション

自律行動 ▶ 協調アクション

協調アクションのつくりかたは
イワシに習えば理解できます。

イワシにはリーダーはたぶんいません。
しかし
仲間と一緒に動きたい
（整列）
仲間に近づきたい
（結合）
仲間とぶつかりたくない
（分離）
という、一匹一匹が持つ、3つの単純なルールによって、美しい「協調アクション」が引き起こされていると言われています。

リーダーシップのイノベーション

リーダーが命令し、全員がそれに従って動く。

各自は自律的につかず離れず行動しているだけだが、結果的に協調アクションが生まれ、全体が良い方向に動く。

フューチャーセッションの
特徴と考えかた

創意▶行動宣言▶協調アクション

フューチャーセッションの特徴は
ズバリ3つです。

特徴1　多様性
特徴2　対話
特徴3　未来志向

それらによって、創意（総論賛成づくり）し

協調アクションを生み出し

社会にイノベーティブな動きをもたらすのです。

協調アクション

イノベーション

特徴1　多様性

少し前までは、多様性はむしろ邪魔でした。
万人が納得する明確な目標点があり、いかに効率よくそこに到達するかを考えればよかったからです。
実際、多様性がないほうが平均的なアウトプットの質は高くなるという研究もあります。

しかしいまは、万人が納得する明確な目標点を持てなくなってきています。
原発は動かしたほうがよいのか、廃炉にすべきなのか？　エアコンをつけて快適に暮らすことは良いことなのか、罪悪なのか？……挙げたらきりがありません。
もう、いままでのような是／非、正しい／正しくないの二元論では片づけられない世の中になってしまったのです。

まさに、多様性、ダイバーシティーを認めざるをえない社会です。

それに、現代社会にはもはや、平均レベルを上げるニーズはほとんどなくなっています。
コンビニに並ぶスウィーツに不味いものはほとんどなく、平均はすでに十分に高いのです。
欲しいのはイノベーションでありブレイクスルーです。効率を5%上げるのではなく、ITの世界のように一挙に2倍、4倍、8倍にすることが求められています。

イノベーションを起こすには、多少確率は低くても、多様な考えかたで多様な未来を想定し多様な手段を多様に組み合わせて対応するのが良さそうです。

多様性と生み出されるアイデアの傾向

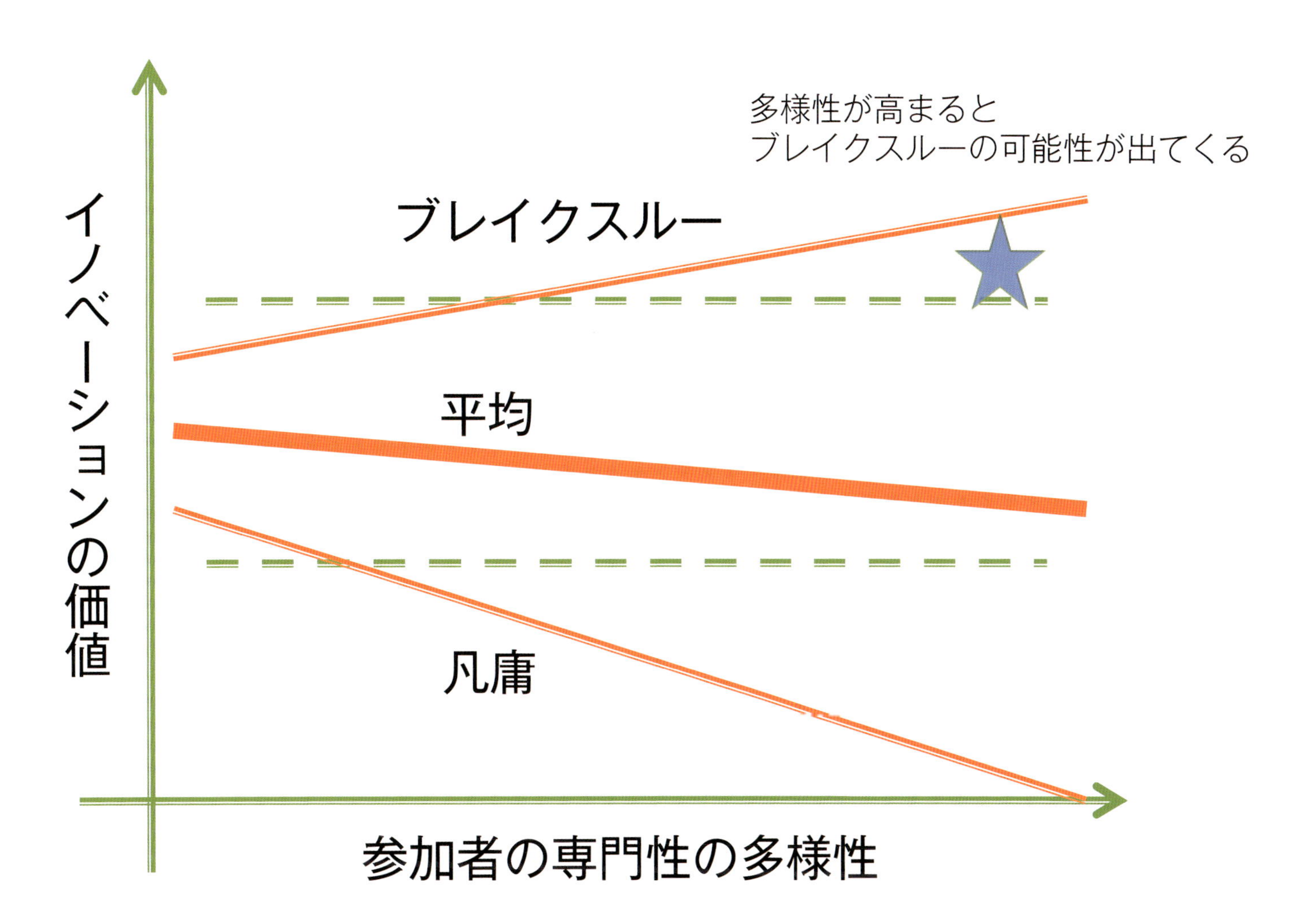

特徴２　対話

同じテーマで話していても、相手が変われば対話の内容や方向はいろいろに変わります。
結論だって変わります。
だから、フューチャーセッションでは結論を求めません。

その代わりに、対話を通じて

- **自分の考えや意見がどうなったのか**
- **そのとき、その「場」で何が起こったのか**
- **他の参加者とどんな関係性が生まれたのか**
- **どんな気づきがあったのか**

などを自問し、それらを受けて「自分はいまから何をします！」と行動宣言をします。

そこで宣言された行動が、協調アクションを誘発し、次のステップにつながります。

それらはすべて、対話を通じて行われなければなりません。
ディベートではなく、あくまでも対話です。

ディベートは勝者と敗者を生みます。
そして敗者は決して勝者のことを手助けしたくはならないでしょう。
しかし、対話なら、勝者 / 敗者はなく、共感と互助意識を醸成することができるので、協調アクションが生まれやすくなるのです。

対話▶自問▶行動宣言▶協調アクション

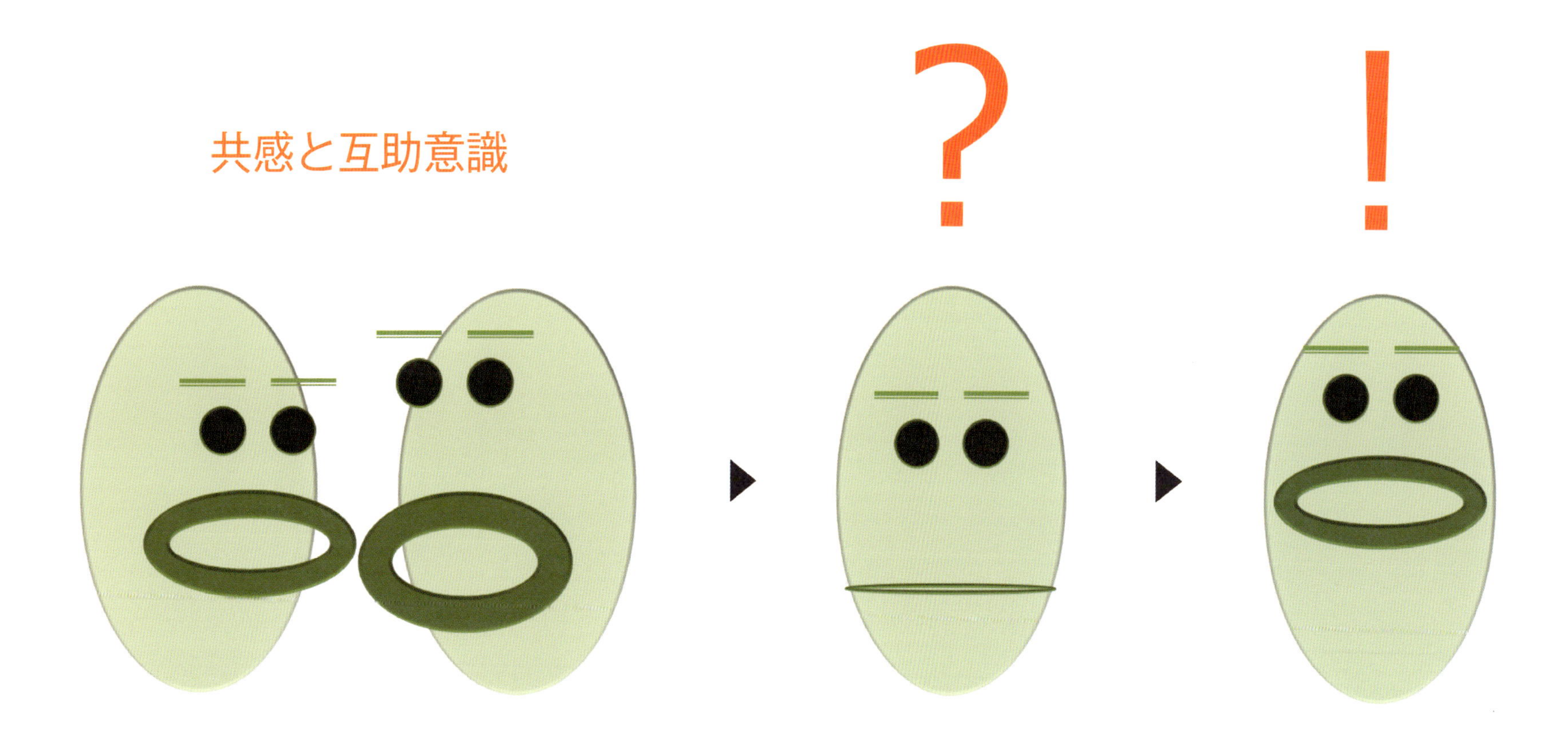

特徴３　未来志向

キーワードは「バックキャスト」。

いままでの問題解決型フレームは「いままでこうだったね、で、いまはこうなっている、だから未来はたぶんこうなるね」といった、未来は過去・現在の延長上にあるという「フォアキャスト」の発想でした。
フューチャーセッションでは、その考えかたを採りません。

「こんな未来がくれば素敵だよね、だから僕はいまからこう動くよ!」といった、未来をイメージし、そのイメージした未来からいまを振り返ることで次に必要な行動を決めるという「バックキャスト」で発想するのです。

これは「思考方法のイノベーション」です。

フューチャーセッションでは、創意と行動宣言を行います。
創意した「欲しい未来」を掲げ、そこから現在を振り返り、現在から一直線に未来につながる道に沿って行動すればよいのです。
行動宣言はその「はじめの一歩」。
その行動の次に行うべき行動も、実はもう見えているのです。

フォアキャストとバックキャスト

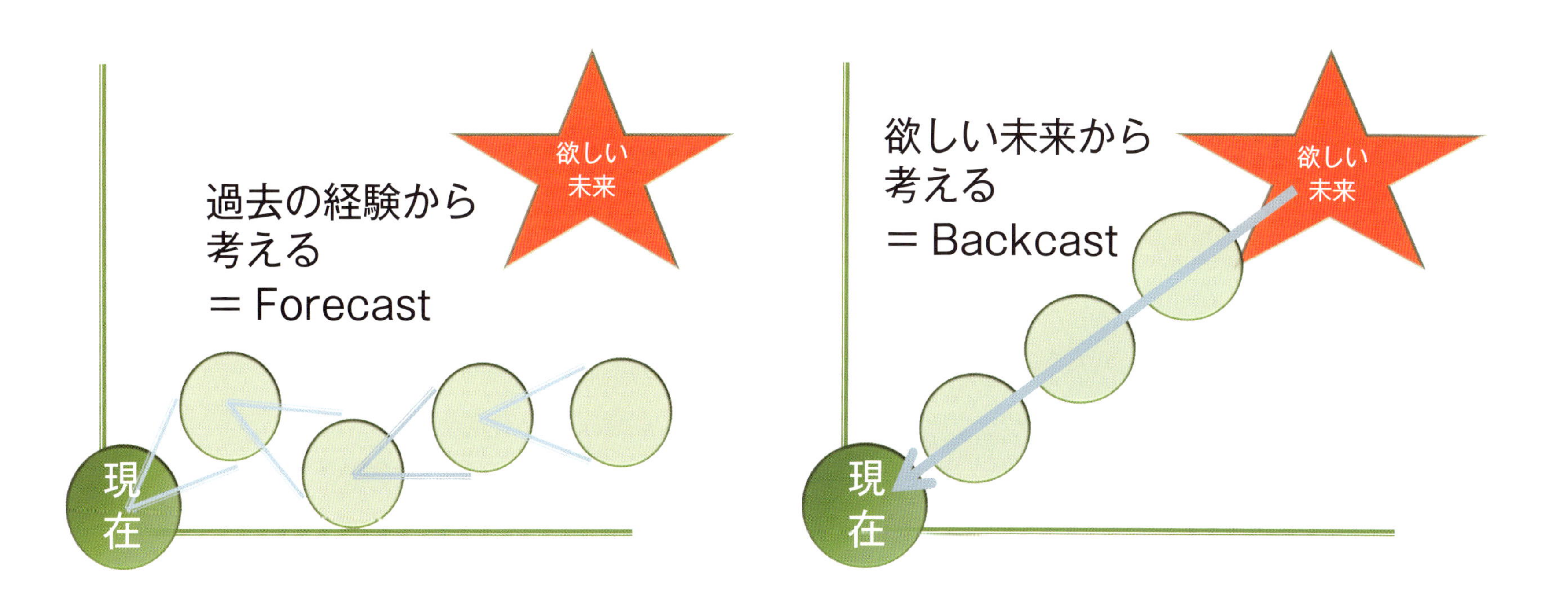

創意（総論賛成づくり）

どうやって創意（総論賛成づくり）を行うのでしょう?

フューチャーセッションでは、メタ目的化という手法によって「総論賛成」をつくります。
メタ目的化とは、目的をメタ（meta：高次元）認知すること、より高い視点から見た目的に再認識することです。
つまり、問題をより高い次元の問題として捉え、誰もが自分事としてかかわれる良質なテーマ（問い）に変換することで、総論賛成をつくります。

たとえば、あなたは携帯電話の新製品を開発しているとします。
日々考えるのは「もっと売れるスマホを開発するにはどうすればいいのか?」。

きっと専門家や自他社ユーザーを集めて、いまのスマホの欠点や欲しい機能を洗い出して新製品に反映させようとするのではないでしょうか。

フューチャーセッションでは、「もっと売れるスマホ」をメタ目的化します。
たとえば、「家族の絆を強める遠隔地コミュニケーション」のツールです。
問題を「もっと売れるスマホ」でなく「家族の絆を強める遠隔地コミュニケーション」に置き換えた瞬間に、自分事として考えてくれる仲間が増え、会社、業界、産業分野を超えた共感と互助意識が生まれます。
そして、そこから生まれるアイデアのなかには、スマホで実現できる価値ある素晴らしいアイデアもきっと含まれていることでしょう。

×もっと売れるスマホ

○家族の絆を強める遠隔地コミュニケーション

もっと売れるスマホって？

まとめ

フューチャーセッションの特徴と考えかたをまとめます。

目的は、個人は自分の想いに従って行動し、同時に、仲間たちとの行動から生まれる協調アクションで結果的に世の中が良い方向に大きく変わること。

手段は、未来志向と、多様性を認め活用することと、結論を求めない対話によって「欲しい未来」を想い描き、それに向かってみんながそれぞれに実際にアクションを起こすこと。

「欲しい未来」を想い描く際、それをうまく合理的かつ効率的に進めるための方法論として確立されつつあるのがフューチャーセッションです。

コラム

フューチャーセッションは、2014年11月現在、まだウィキペディアに掲載されていないほど、定まった定義はなされていません。
企業、政府、自治体などの組織が中長期的な課題の解決、オープンイノベーションによる創造を目指し、さまざまな関係者を幅広く集め、対話を通じて新たなアイデアや問題の解決手段を見つけ出し、相互協力の下で実践するために設けられる施設をフューチャーセンターと呼び、そのなかで行われるセッションをフューチャーセッションと呼ぶとされているだけです。
ですので、現時点（2014年11月）までの筆者の研究に基づいたフューチャーセッションの特徴と考えかたは、近い将来に書き直される可能性もあるでしょう。
それほどに、新しく、精力的に研究・実践が行われているのが、フューチャーセッションなのです。

HAPPY FUTURE
すぐそこ

フューチャーセッションの
背　景

方法論の考えかた

対話

共感

互助意識

システム思考

デザイン思考

発散

収束

方法論の考えかた

ここで少し、フューチャーセッションの論理的バックグラウンドについて触れておきましょう。

①対話を通じて共感と互助の意識を高めること、②システム思考とデザイン思考、発散と収束を組み合わせて欲しい結果を得ること
が基本となる考えかたです。

対話では、複雑で一つの解決策が見いだしにくい問題に対して、かかわるすべての人が、立場を超えてお互いを理解し合い、認め合い、ともに考えます。集団での理解・共感や互助意識を効率よく高められるよう、「ディベート」ではなく、「ダイアログ」と総称される対話手法を用います。

システム思考では、問題がどのような要素のつながりで起こっているかを考え、問題の本質的理解と解決方法の探索を助けます。

デザイン思考では複雑な問題を調査し、情報を取得し、知識・知見を分析し、設計や計画にラフに落とし込んだのち、試作とテストによって仕上げていきます。実際の思考場面では、発散（アイデアをたくさん生み出す）フェーズと収束（アイデアを選別する）フェーズを組み合わせて使います。

これらすべての実践のために、後述するような、さまざまな方法論が提案され、活用されています。

対話 × システム思考 × デザイン思考

システム思考	デザイン思考
左脳 論理的	右脳 感性的
因果理解 工学的アプローチ	インサイト 主観的で無意識的
多視点 全体視点 メタ視点	観察 発想 試作
可視化	発散と収束

対話による共感と互助意識

対話による共感と互助意識の醸成

対話では、かかわるすべての人がお互いを理解し合い、認め合い、問題を協力して解決しようという互助意識を醸成します。

対話による共感・互助意識醸成の基本概念は、デビッド・クーパーライダー氏、ダイアナ・ホイットニー氏らにより提唱された、組織の真価を肯定的な質問によって発見し可能性を拡張させるプロセスとしての、アプリシエイティブ・インクワイアリー（Appreciative Inquiry）という考えかたに基づいています。

アプリシエイティブ・インクワイアリーとは、インクワイアリー（問い、探求）により、個人の価値や強み、組織全体の真価を肯定的に（アプリシエイティブ）発見・認識し、それらの価値の可能性を前提とした解決方法を生み出すプロセスです。

テーマ（問い）にかかわる対話を通して、強みや希望、ポジティブな習慣、理想のストーリー、情熱や夢などを共有することで、組織に肯定的なパワーを生み出し、参加者全員がコミットした実施可能・持続可能なアクションプランをつくり出します。

アプリシエイティブ・インクワイアリーでは、「発見」「ドリーム」「デザイン」「使命化（行動宣言）」のプロセスがあります。

発見

個人や組織の
本当の強みや価値を
発見する

ドリーム

個人や組織の
最高の可能性を
自由に想像する

デザイン

達成したい状態を
共有し
可視化する

使命化

達成に向けて
持続的に取り組む
アクションを
宣言する

システム思考

独立した事象に目を奪われず、各要素間の相互依存性、相互関連性に着目し、全体像とその動きをとらえる論理的思考方法です。
問題を小さな部分要素の集合と考える分析的な視点ではなく、より大きな全体の一部として考えるのがポイントです。

- 問題の因果関係に着目して論理的にとらえる
- 問題を動的にとらえ変化の過程にも着目する
- 問題の相互関連をとらえて循環する系として理解する

などのアプローチがあります。

さまざまな分野で共通してよく見られる問題の構造の基本パターンが、「システム原型」として研究されています。
主要なものだけでも、12 パターン以上が考えられています。
※応急措置の失敗（fix that fail）/問題の転嫁（shifting the burden）/成功を呼ぶ成功（success to the successful）/エスカレーション（escalation）/成功の限界（limits to success）/漂流する目標（drafting goals）/共有地の悲劇（tragedy of the commons）/成長と投資不足（growth and underinvestment）/予期せぬ敵対者（accidental adversaries）/遅れのある平衡ループ（balancing loop with delay）
これらを理解することによって、新たに遭遇する複雑で解決困難な未知の問題を洞察しやすくなります。構造が同じであれば、分野を超えて、問題解決に有効に活用することができます。

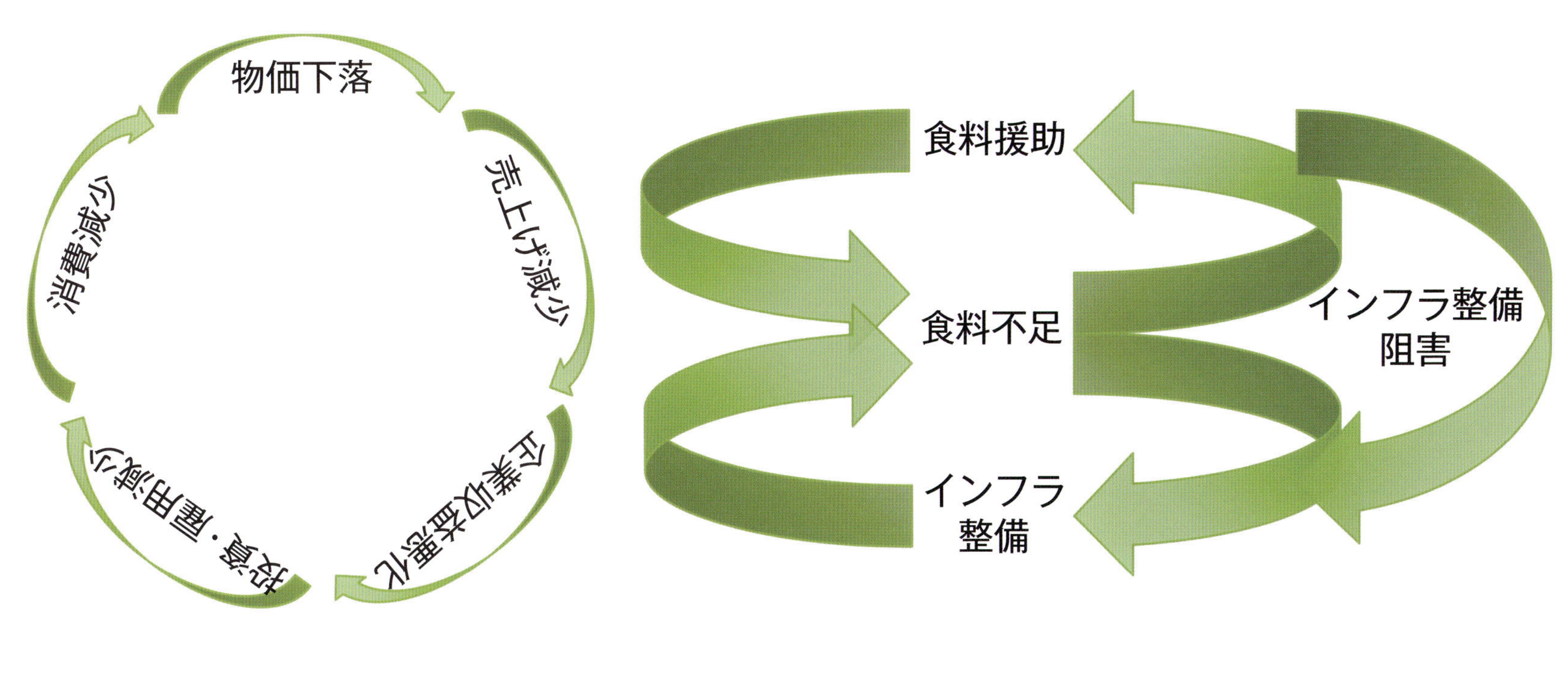

デフレスパイラル　　食料支援は食料不足の本質的解決を阻害する

デザイン思考

問題の真髄を見極め、できるだけ多くの解決策を考え、いくつかのアイデアを選び研ぎすまし、最終的なアイデアに絞り込み、デザインに落としこむ思考法で、五感のすべてを総動員することがポイントです。

「観察」「発想」「試作とテスト」のフェーズがあります。

「観察」

思い込み、先入観を捨てて、主観的に感じ、無意識の声を聞いて、インサイト（気づき）を得ます。アンケート調査や量的データだけに頼るのでなく、インタビューや行動観察などのフィールドワークを通じて、自分の感性を信じて状況を理解します。

「発想」

集団でアイデアを出し合うことによって、新たな発想を誘発します。集合知（collective intelligence）に基づく協働を重視します。

ブレインストーミングなどのチーム型発想法を使います。どちらが正しいといった二元論的対立構造は避け、アイデアの相乗効果や融合を狙います。強制発想法も使うことがあります。

「試作とテスト」

あらゆる手段を駆使して、短時間に多くのアイデアを試し、改良します。その場で感じ、共感し、フィードバックを得、その場でつくりかえることもあります。つくりながら、失敗しながら考え、そのまま創造につないでいきます。

観察 ▶ 発想 ▶ 試作とテスト

Divergence
発散
Prototyping & Testing
試作とテスト
Ideation
発想
Observation
観察
Convergence
収束

発散と収束

デザイン思考の実践場面では、発散（アイデアをたくさん生み出す）フェーズと収束（アイデアをまとめる / 絞り込む）フェーズを組み合わせて使います。

発散フェーズでは、アイデアをたくさん生み出します。
アイデアを出す際は、アイデアを批判・評価せず、「質」よりも「量」を重視します。
参加者に「言いたいことが言えた」という満足感を与えながら、多様性を最大限に活用するフェーズです。
感性を解き放ち、斬新な思考や発想をしましょう。

収束フェーズでは、アイデアをまとめたり絞り込んだりします。
何らかの根拠・論理に従ってたくさん生み出されたアイデアをまとめ、評価し、選別していきます。
参加者に「自分のアイデアが採用されなかった」という不満を与えないよう、アイデアを良い / 悪いでなく、好き・気になる・最優先といった切り口で選別するのがよいでしょう。

発散と収束

フューチャーセッションの
実　際

ルールと実際の方法

単純なルールの下で、誰でもすぐに
実践できます。

個人で行う部分が少なく、対話形式が
基本です。

多種多様な方法論があり、広義にはシ
ステムデザインマネジメント手法がす
べて使えます。

発散と収束のフェーズがあります。

目的は

共感と互助意識醸成
(仲良くなる)
システム思考
(原因や背景を理解する)
デザイン思考
(アウトプットを出す)

です。

セッションの基本ルール

■ 上下関係を持ち込まず、全員が対等な立場で参加する

■ 立場や縄張りを忘れ、思い切った、自由な意見を出し合う

■ 意見は簡素に、全員の意見に耳を傾ける

■ 出てきた意見の否定や拒否は厳禁。
「Yes, but…」でなく、「Yes, and…」で

■ ファシリテーターが手を上げたら、対話をやめて同じように手を上げる

■どうせやるなら、楽しく仲良く

ファシリテーターが手を上げたら、対話をやめて同じように手を上げる
このルールを採ることで、驚くほど簡単に会場を静かにし、
ファシリテーターに注目してもらえる

セッションの構成

ファシリテーターは、テーマ・問いと参加者を俯瞰し

■共感と互助

（仲良くなる）

■システム思考

（原因や背景を理解する）

■デザイン思考

（アウトプットを出す）

のどれにフォーカスしたセッションにするかを考えて構成を決めます。

セッションには、極力３つの要素（共感と互助/システム思考/デザイン思考）をすべて盛り込むようにしますが、目的と参加者によって臨機応変に対応してかまいません。

重要なことは、セッションの最後に必ずサークルを行い、参加者一人一人に

■気づき

と

■行動宣言

を発表してもらい、参加者全員で共有すること。

この最後の発表が、フューチャーセッションのアウトプットとなり、最終的な目的である「協調アクション」の誘発につながります。

最後はサークルで、「気づき」と「行動宣言」を共有する

共感と互助を育むには

サークル
(Circle)

マグネットテーブル
(Magnet Table)

自分マトリクス
(Self Matrix)

ストーリーテリング
(Storytelling)

プロジェクター・アンド・スクリーン
(Projector & Screen)

フィッシュボウル / 金魚鉢
(Fishbowl)

ワールドカフェ
(World Café)

オープンスペーステクノロジー
(Open Space Technology)

プロアクション・カフェ
(Pro-Action Café)

ラーニングジャーニー
(Learning Journey)

へー、こいつ、
そういうやつなんだ…。
あーおれ、
こういうこと、
したいんっすよー。
えっ？
マジっすか！
おれ、それ、
手伝えるよ。

サークル
Circle

互いを知り、互助の関係性を構築するために行うセッション手法です。

セッションの最初と最後に行うことが多く、最初では自己紹介や参加目的、最後では気づきや行動宣言などを全員の前で発表します。

方　法

参加者全員がお互いの顔が見えるように車座に座ります。

∷

ファシリテーターからの問いや課題に対し、準備が整った人からアクション（発言、ジェスチャーなど）を起こします。

∷

最初に実施した人から時計回りで全員がアクションします。

∷

参加者が発言しているときは、自分との共通点や違い、共感できる点、手助けできる点などを考えながら傾聴します。

参加者全員がお互いの顔が
見えるように車座に座る

サークル時の課題例

シートに

①名前（ニックネーム）

②参加動機

③一言アピール

④いま、はまっていること

を記入します。

一人30秒～1分で、シートを使って、参加動機を中心に自己紹介を行います。

名前（ニックネーム）以外の項目は、セッションのテーマに関する意見や考えかた、好きな芸能人、昨日の夕食のメニューなど、対話のきっかけや話題になるような情報に差し替えてかまいません。
お互いを知り、対話が弾むような面白い問いや課題を考えてみてください。

①名前（ニックネーム）	②参加動機
としのすけ	岡山に フューチャーセッションを 普及させる
③一言アピール	④いま、はまっていること
４女の父	フェイスブック 友達 1000人計画

マグネットテーブル
Magnet Table

自主的にチームを生み出すためのセッション手法です。

共感と互助意識が高まります。

方　法

各自、ファシリテーターから出された問いについて用紙（看板や付箋紙など）に見やすく書きます。

■■

各自はその用紙を参加者に見やすいように抱えながら部屋のなかを歩き回り、互いの用紙を見合いながら対話し、自主的にチームをつくります。

■■

似たことを書いている人 / 一緒になると化学反応を起こせそうな人 / 自分の書いたものを捨ててもいいと思えるようなすごいことを書いている人などとチームをつくるとよいでしょう。

私の興味は＿
私の興味は＿
私の興味は＿
私の興味は＿
私の興味は＿
私の興味は＿
私の興味は＿
何かをきっかけにして
自主的にグループをつくる

自分マトリクス
Self Matrix

互いを知り、互助の関係性を構築するために行うセッション手法です。

アイスブレイク（対話のきっかけ）によく使われます。

他人から自分について突っ込んでもらうことで、多くの気づきが得られます。

方　法

A4の紙を用意し、中央に自分の名前（ニックネーム）を書きます。

∷

自分の名前（ニックネーム）の周りに
■ 関心のあること、好きなもの
■ 所属や職業
など、自分に関連する事項のキーワード（単語・短文）を書き出し、それぞれのキーワードについて、外側に具体的な情報を書き足して「自分マトリクス」を書きます。

∷

「自分マトリクス」を書いたら、井戸端会議のように4、5人で丸く集まります。

∷

お互いの自分マトリクスを中央に出し、自分以外のマトリクスを見て、気になるキーワードや記述について質問し、本人に答えてもらいます。
※自分マトリクスを使って自己紹介してはいけません。

∷

10分程度、自由に対話します。

ボルドー系
フルボディー
白より赤

ホテルステイ派
ハワイ島でまったり
クアベイでクジラ観察

iPhone、iPad
Mac
Apple命

ワイン好き

ハワイ好き

ガジェット好き

としのすけ

カラオケ好き

研究者

何でもハモります
昔のフォーク
かぐや姫
アリス
OVATION所有

大学教授
農学部出身
薬学博士
専門は統計と
マーケティング

４女の父

家庭ではもっぱら「執事」
家事分担、育児分担OK

ストーリーテリング
Storytelling

互助の関係性を構築しながら、問題を掘り下げ、多様性などの気づきを得るためのセッション手法です。

他人から自分の語った物語のフィードバックをもらうことで多くの気づきが得られます。

方　法

３人組になり、インタビュー係、語り手、記録係という３つの役割に分かれます。

インタビュー係は、語り手が話を始めやすくしたり、話を掘り下げる質問をしたりします。

記録係は、語り手の話をメモをとりながら傾聴します。

記録係は、語り手が話し終わった後、メモを参照しながら物語をサマリーし、語り手とインタビュー係にフィードバックを行います。

役割を交代して3回行い、全員がすべての役割を経験します。

一人が話す
一人が聴く
一人が記録し
まとめる

プロジェクター・アンド・スクリーン
Projector & Screen

互助の関係性を構築しながら、問題を掘り下げ、多様性などの気づきを得るためのセッション手法です。

他人から自分の語った物語のフィードバックをもらうことで多くの気づきが得られます。

方　法

３人組になり、語り手1名と聴き手2名を決めます。

■

語り手はプロジェクターとなって他の２人に物語を語り、聴き手２人はスクリーンとなってただ傾聴します。

■

物語終了後、聴き手同士が語り手の話したことについて対話します。
語り手はその対話に参加せずただ傾聴します。

■

役割を交代して3回行い、全員がすべての役割を経験します。

一人が話す
二人が聴き
対話する

フィッシュボウル / 金魚鉢
Fishbowl

知恵や知識を参加者全員で共有するためのセッション手法です。

著名人や専門家の話を聴く際によく使われます。

中心に話し手を配し、参加者がそれを取り囲んで鑑賞する姿が「金魚鉢」を覗いているようだということでこう呼ばれています。

方　法

会場の中央に椅子を3、4脚おき、1つの空席を残して話題提供者が座り、その周りを参加者が輪になって（金魚鉢を覗き込む感じに）取り囲みます。

∷

話題提供者はファシリテーターの司会で対話します。
周りの参加者は、必要に応じてメモをとりながら対話を聞き、自分も話したくなったら中央の空席に座って話します。

∷

誰かが話しに来て空席が埋まったら、すでにいた人のなかから1名が大人の判断で席を立ち、空席をつくります。

∷

指定時間、続けます。

∷

予定時間が終了したら、参加者全員がペアになり、フィッシュボウルで聴いたこと、感じたことを対話します。

中心に話し手、参加者はそれを取り囲んで、
「金魚鉢」を覗いているように

ワールドカフェ
World Café

知恵や知識を共有・可視化するために行うセッション手法です。

多様性に触れることで、問題に対する理解が深化・進化します。

方 法

グループをつくり、テーブルを囲んで着席します。

::

ファシリテーターから出された問いについてグループで対話し、キーワードや気づきを付箋紙に書いてテーブルに張り、対話の内容を可視化します。（テーブルに模造紙を置き、書き込むこともあります）

::

指定時間、対話したら、テーブルに残る一人（ホスト）を決め、他のメンバーはまだ対話していない人の多い新しいテーブルへと移ります。

::

テーブルのホストは、新しく移ってきたメンバーに前回のラウンドの対話の要旨を説明し、内容を共有したのち、対話を再開します。

::

2～3ラウンド行い、テーブル毎に重要と考える知見・気づきをまとめ、全員に対して発表・共有します。（最初のテーブルに戻り、他のテーブルを旅して得られた知見を紹介しあった上で、まとめ・発表を行う場合もあります）

テーブルをカフェにみたて、世界のカフェを歩いて回る

オープンスペーステクノロジー
Open Space Technology

関係性を構築しながら、テーマについての深い洞察を得るために行うセッション手法です。

テーマをあらかじめ決めておかなくてもできるので、抽象的なテーマや仮説探索的なテーマを扱うときに便利です。

方 法

複数の参加者が、問いに関連した考えたいテーマ自体を対話グループのテーマとして提起します。(マーケットプレイスと呼ばれることがあります)

∷

テーマの提起者は、参加者に対し、そのプロジェクトの背景や想い（なぜテーマを提起しようと思ったのかなど）を説明します。

∷

参加者は提起されたテーマのなかから、自分の参画したいテーマを選び、対話のグループに加わります。

∷

対話に加わったものの、貢献できない・思った内容と違うと感じたら、自由に他のテーマに移動します。入退自由、貢献のしかたも自由です。

∷

対話を通じて共有された気づきや次のアクションなどを、テーマごとにまとめ、全員に対して発表・共有します。

自分事として考えたいテーマをその場で提起する

プロアクション・カフェ
Pro-Action Café

知恵や知識を共有・可視化するために行うセッション手法です。

ワールドカフェとオープンスペーステクノロジーの良いところを組み合わせた手法で、問題に対する理解が深化・進化するだけでなく、具体的なアクションや互助アクションを生み出すことができます。

方　法

複数の参加者が、問いに関連した考えたいテーマ自体を提起し、そのプロジェクトの背景や想い（なぜ提起しようと思ったのかなど）を説明します。

∷

テーマ数と同じ数の対話グループをつくります。

∷

テーマの提起者はそれぞれの対話グループに分かれて加わり、背景や想いを再確認した上で、プロジェクトを進めるにあたり、①足りないもの、必要なものは何か？ ②直ちに始めたい行動は何か？ ③他にどういう支援が必要か？ について対話します。

∷

指定時間、対話した後、参加者はテーマの提起者に対して応援メッセージや自分が支援できる内容を書いて渡し、まだ対話していない人の多い新しいテーブルに移ります。
このようなセッションを２、３回繰り返します。

∷

対話を通じて共有された気づきや今後行うアクション、参加者から得られた支援内容などを、テーマごとにまとめ、全員に対して発表・共有します。

対話した仲間から支援がもらえる

ラーニングジャーニー
Learning Journey

外部から情報を集めたり、気づきを得たりするために行うセッション手法です。

非日常的な環境のなかで、チームで同じ課題に取り組むことで、対話と互助意識が生まれやすくなります。

方　法

ファシリテーターからの問いに対し、フィールドに飛び出し、参加者が体験したり、他人にインタビューするなどして、情報を集めたり気づきを得たりします。

∷

フィールドでの活動が終わったら、参加者は会場に戻り、サークルやワールドカフェ、フィッシュボウルなどを実施し、お互いに発見したものを共有し合います。

フィールドに飛び出して、情報を集めたり気づきを得たりする

システム思考で考えるには

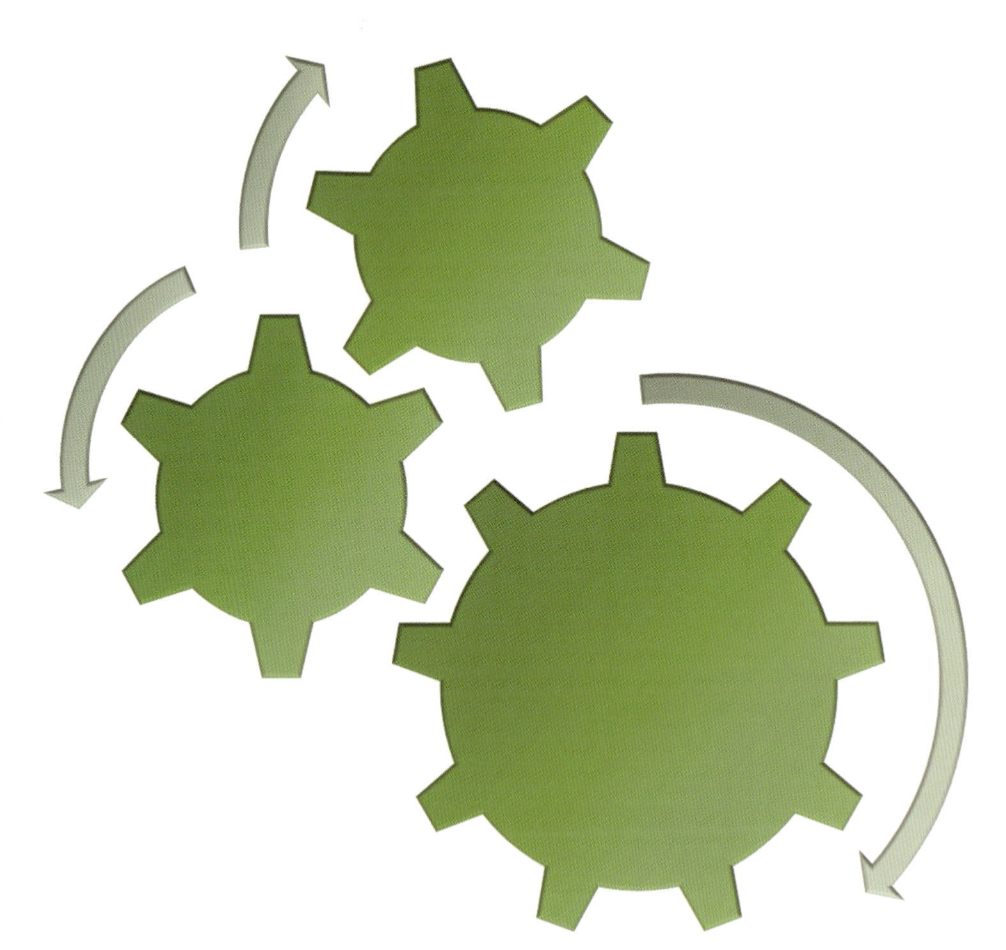

ロジックツリー
（Logic Tree）

価値連鎖分析
（Value Chain Analysis）

ロジックツリー
Logic Tree

価値の評価構造を理解し、上位の価値（＝メタ目的）を理解するために行うセッション手法です。

方　法

モノやサービスを評価する際の重要な評価項目を5つ選定します。

∷

それぞれの評価項目について

どうしてそれが重要なのか？
（WHY；理由、目的、上位概念）

それはどうなっていればいいのか？
（HOW・WHAT；必要条件、スペック、下位概念）

を考え、樹形図に表します。

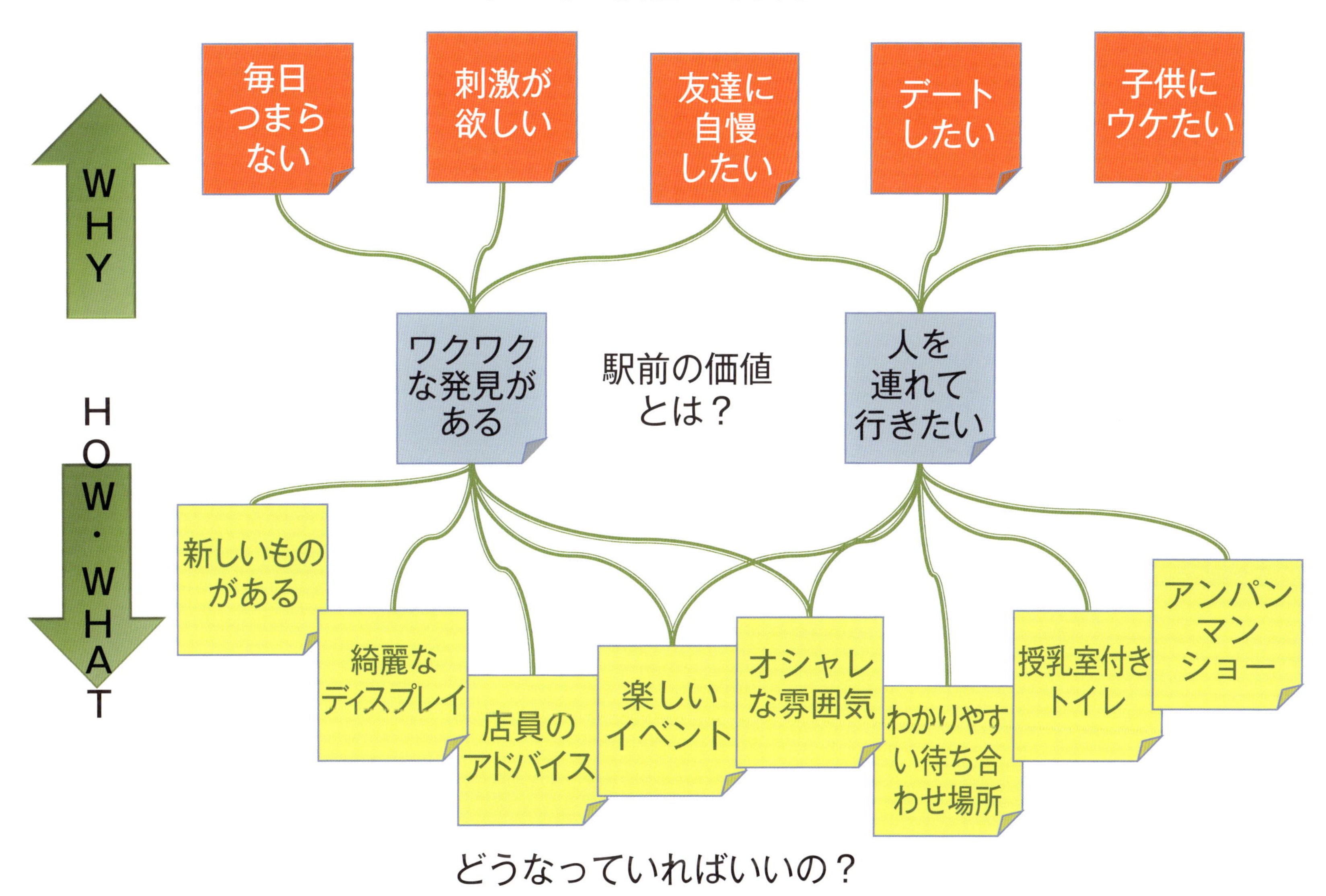
なぜその価値が必要なの？
毎日つまらない
刺激が欲しい
友達に自慢したい
デートしたい
子供にウケたい
WHY
ワクワクな発見がある
駅前の価値とは？
人を連れて行きたい
HOW・WHAT
新しいものがある
綺麗なディスプレイ
店員のアドバイス
楽しいイベント
オシャレな雰囲気
わかりやすい待ち合わせ場所
授乳室付きトイレ
アンパンマンショー
どうなっていればいいの？

価値連鎖分析
Value Chain Analysis

価値のつながり、価値交換の仕組みを理解するために行うセッション手法です。

方　法

ブレインストーミングなどでモノやサービスなどに関係するステークホルダー（企業や個人）をリストアップします。

∷

分析対象を中心として、ステークホルダーをイラスト・アイコン化して配置します。

∷

誰が / 誰に / 何を / いくらで、に着目し、やりとりしている価値の種類と方向を矢印で表現します。
※アイコンや矢印で表現しにくい部分は言葉で補足してもかまいません。

∷

全体を俯瞰し、循環しているか / 一方通行はないかを確認します。

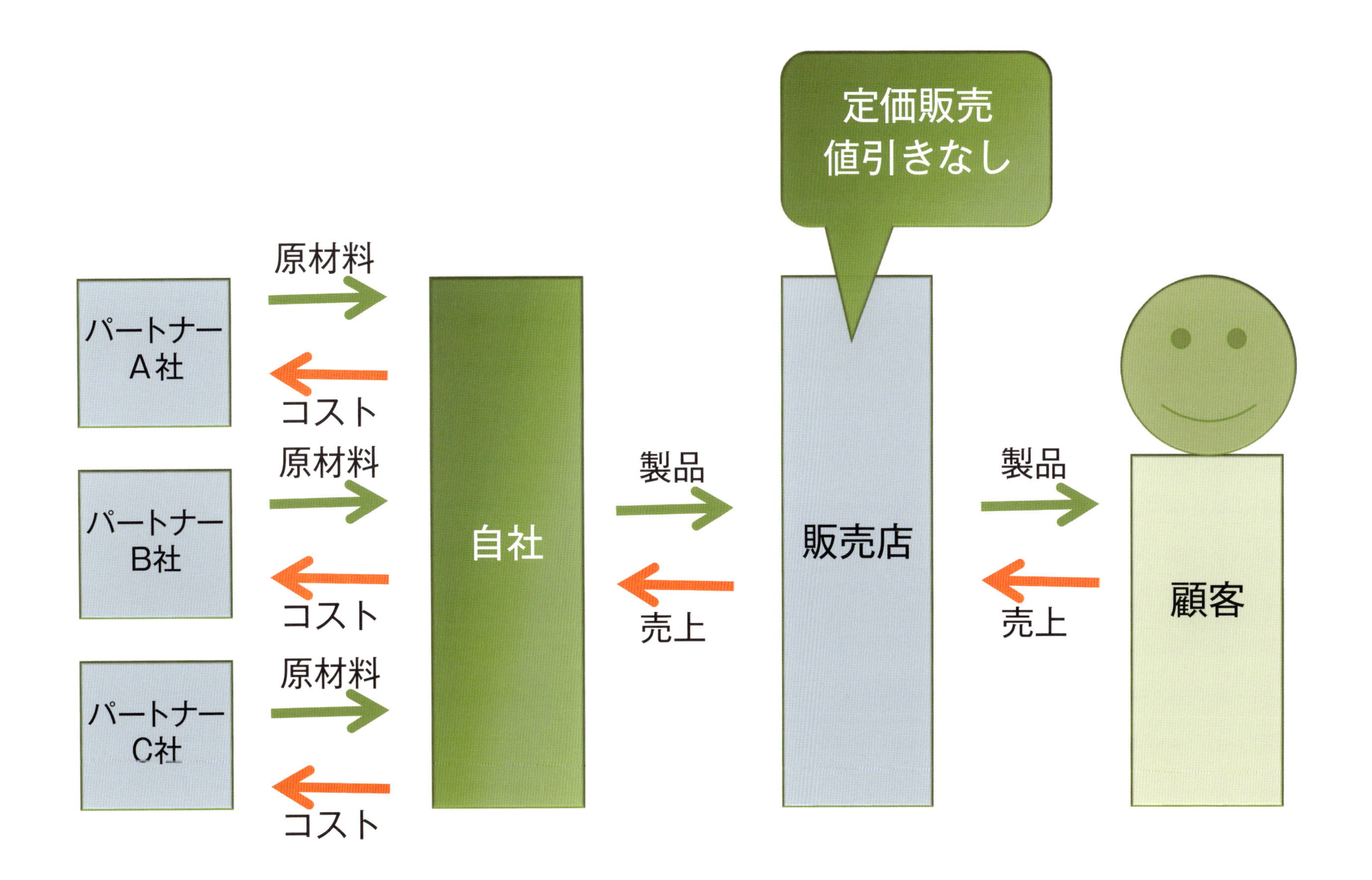
定価販売
値引きなし
原材料
パートナー
A社
コスト
原材料
パートナー
B社
コスト
原材料
パートナー
C社
コスト
自社
製品
売上
販売店
製品
売上
顧客

デザイン思考で考えるには

アイデアをたくさん出すとき

ブレインストーミング
（Brainstorming）

マインドマップ
（Mind Map）

PEST
（Political Economical
Socio-cultural
Technological）

マンダラート
（Mandara-Art）

7つの質問
（SCAMPER）

守破離
（Fundamental, Breaking,
Parting）

高感度差異抽出法
（Sensitive Differentiation
Method）

ブレインストーミング
Brainstorming

アレックス・F・オズボーン氏によって考案されたアイデアを大量に出すために行うセッション手法です。

集団でアイデアを多数出し合うことで、相互作用や連鎖反応が生まれ、アイデアが出やすくなります。

人数に制限はありませんが、顔と名前が認識できる10名以内、3～7名が好ましいとされています。

方　法

グループをつくり、指定された時間内に指定された数のアイデアを出します。

∷

ブレインストーミングを行う際は、以下のルールを遵守します。

■ 批判せず判断は後回し　※否定厳禁

■ 突飛なアイデア大歓迎

■ 他人のアイデアに相乗りしよう

■ 質より量にこだわろう

ブレインストーミングのルール

マインドマップ
Mind Map

トニー・ブザン氏が開発した発想ツールで、頭のなかで考えていることを見える化します。
※マインドマップは、ThinkBuzan 社の登録商標です。

全体を俯瞰しつつ細部も意識して、モレなく多数のアイデアを出すときに使います。

方　法

中心にタイトルやテーマを書きます。

∷

そのテーマから放射状に線を延ばし、テーマから連想されるキーワードを書きます。
そのキーワードから連想されるキーワードをさらに線を延ばして書きます。

∷

思いつくままにキーワードを展開していきます。

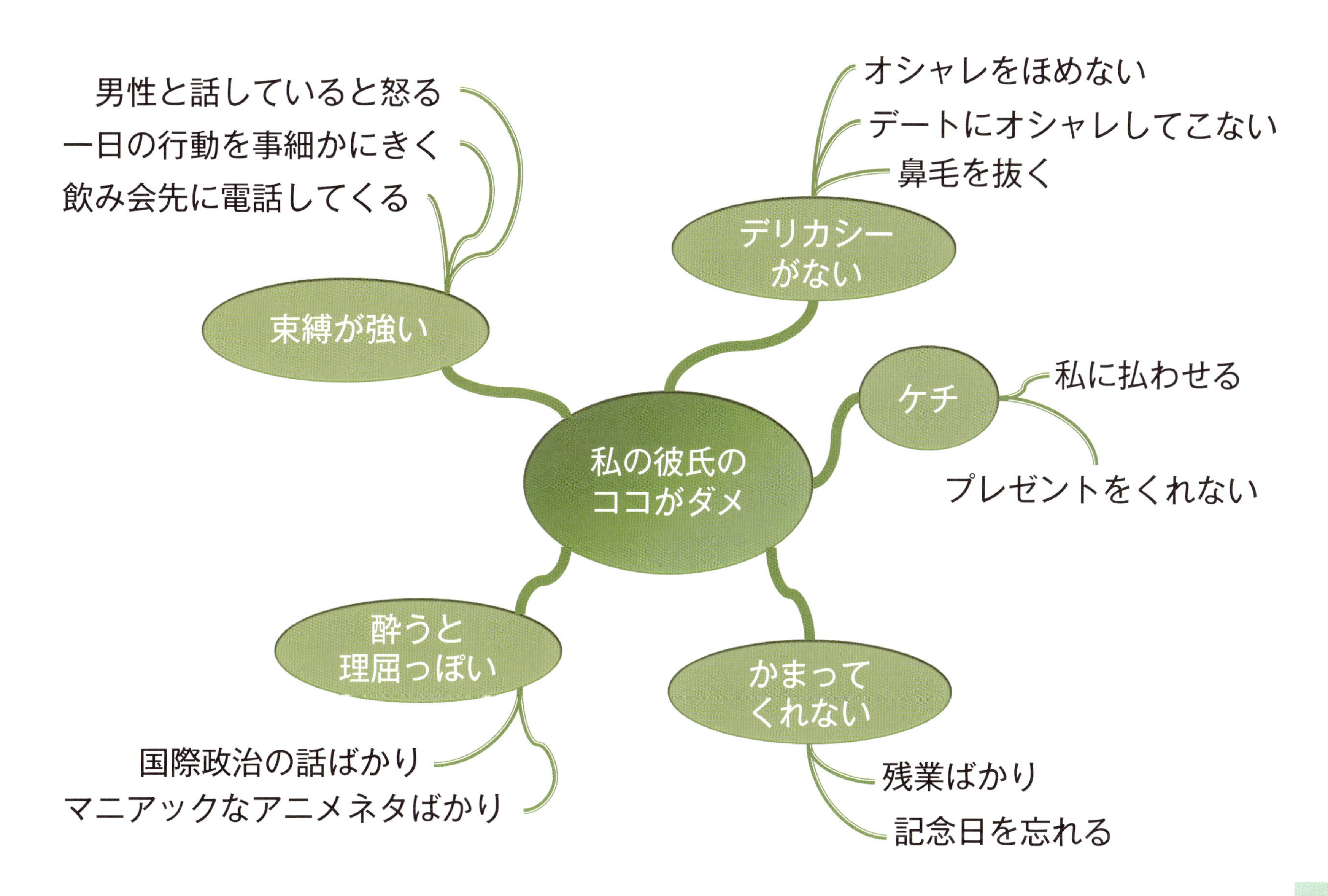
私の彼氏のココがダメ
束縛が強い
男性と話していると怒る
一日の行動を事細かにきく
飲み会先に電話してくる
デリカシーがない
オシャレをほめない
デートにオシャレしてこない
鼻毛を抜く
ケチ
私に払わせる
プレゼントをくれない
酔うと理屈っぽい
国際政治の話ばかり
マニアックなアニメネタばかり
かまってくれない
残業ばかり
記念日を忘れる

PEST
Political Economical Socio-cultural Technological

アイデアを大量に出す際に用いる視点です。

Political（政治的）
Economical（経済的）
Socio-cultural（社会・文化的）
Technological（技術的）
な側面から発想します。

Environmental（環境的）を加えて、
STEEP を使うこともあります。

方 法

以下の4つ（5つ）の視点から物事をとらえ、アイデアを導出します。

■ Political（政治的）

■ Economical（経済的）

■ Socio-cultural（社会・文化的）

■ Technological（技術的）

■ Environmental（環境的）

変化の兆し

■Socio-cultural（社会・文化的）
- 少子高齢化問題
- 空き家問題
- 防災対策
- サブカルのメインストリーム化
- 若者のモノ離れ
- 世代間格差
- 格差社会
- デジタルデバイド

■Technological（技術的）
- 仮想現実技術
- ロボット普及
- ドローン普及
- 実用的再生可能エネルギー

■Economical（経済的）
- 世界的デフレ傾向
- 行き過ぎた金融緩和
- 中国の経済バブル
- 金融の国際化

■Environmental（環境的）
- 地球温暖化、寒冷化
- 食料不足
- 火山活動の激化
- パンデミックリスク
- 気候変動

■Political（政治的）
- 投票率低下
- 若者の政治離れ
- 消去法の政党選び
- 多極化
- 中東、東欧、極東問題の深刻化

マンダラート
Mandara-Art

今泉浩晃氏が開発したアイデア発想法です。

強制的に多面的なアイデアを出したいときに使います。

方　法

9つのマス（3x3のマス）を用意します。

∷

その真ん中のマスにテーマを書きます。

∷

テーマの回りの8つのマスの中心にアイデアを強制的に8つ書き込みます。

∷

アイデアの周りに、さらに8つのマスを用意し、同様に発展させていきます。

∷

最終的に、8×9＝72のアイデアを発想します。

∷

はじめの8アイデアのなかの1つを選び、それだけを発展させる場合もあります。

			隣席	社食	廊下			
	買い物		社員旅行	職場	取引先		学校	
			忘年会	事務	打合せ			
	育児			男女が出会うTPO			家庭	
	お店			喧嘩			デート	

7つの質問
SCAMPER

ブレインストーミングをつくったアレックス・F・オズボーン氏のチェックリスト法をボブ・イバール氏が改良した発想手法です。

あらかじめ準備したチェックリストに答えることでアイデアを多数導出します。

方 法

テーマやアイデアに関して、以下の質問に答えながらアイデアを出していきます。

■ Substitute（入れ替えたら?）
■ Combine（統合したら?）
■ Adapt（応用したら?）
■ Modify（修正したら?）
■ Put to other uses（使い道を変えたら?）
■ Eliminate（取り除いたら?）
■ Rearrange/Reverse（並べ替えたら? 逆にしたら?）

【７つの質問チェックリスト例】

■ Substitute（代える、代用する）
S1）代用可能な部分はどれか
S2）何を代わりに使うことができるか
S3）ほかに誰を含めることができるか
S4）ほかにどんなグループを含めることができるか
S5）代わりにどんなプロセスを使うことができるか
S6）代わりにどんな材料を使うことができるか

■ Combine（組み合わせる）
C1）何を組み合わせることができるか
C2）何を混ぜ合わせることができるか
C3）どんな組み合わせができるか
C4）部分同士をどのように組み合わせることができるか
C5）目的同士をどのように組み合わせることができるか
C6）応用方法同士をどのように組み合せることができるか
C7）素材同士をどのように組み合せることができるか

■ Adapt（適応させる）
A1）ほかにどのような用途があるか
A2）ほかに似たものはないか
A3）過去に似た状況はないか

■ Modify（修正する）
M1）さらにもうひとひねりできないか
M2）意味を変えることができるか
M3）色や外形を変えることができるか
M4）音を変えることができるか
M5）何かを加えることができるか
M6）高さを増やせるか
M7）重さを増やせるか
M8）強度を増やせるか
M9）頻度を増やせるか
M10）価値を増やせるか
M11）何かを減らすことができるか
M12）何かを縮小することができるか
M13）何かを簡素化することができるか
M14）何かを控えめに言えないか
M15）サイズを小さくできるか
M16）重さを軽くできるか

■ Put to other uses（ほかの使いみち）
P1）そのままで何か他の用途はないか
P2）一部を変えたらほかの用途はないか
P3）受け入れられるマーケットはないか

■ Eliminate（省略する、除去する）
E1）何かを省略することができるか
E2）ある部分がないときどうやって実行するか
E3）何かを犠牲にできるか
E4）あげてしまえるものは何か

■ Rearrange/Reverse（再調整する/逆にする）
R1）ほかにどんなパターンが使えるか
R2）ほかにどんな配置が使えるか
R3）ほかにどんなレイアウトが使えるか
R4）何を交換できるか
R5）何を置換できるか、言い換えられるか
R6）何かと再結合できるか
R7）逆にしたらどうなるか
R8）上下逆さまにしたらどうなるか
R9）内外を裏返したらどうなるか

守破離
Fundamental, Breaking, Parting

常識やぶりのアイデアを出す際に用いる視点です。

武道や芸術などにおける師弟関係のありかたであり、創造性発揮の基本プロセスである「守破離」に沿い、常識を守った場合、改善した場合、常識を取り払った場合について発想します。

方　法

テーマやアイデアについて、まず一般常識をリストアップします。

∷

リストアップされた一般常識それぞれについて、それを守った場合を考えます。

∷

一般常識を改善した場合を考えます。

∷

一般常識が崩れた（変わった）場合を考えます。

男女関係

常識	一夫一婦制	男は度胸 女は愛嬌	男女平等
守	一夫一婦	男は度胸 女は愛嬌	男女平等
破	多夫多妻	男は愛嬌 女は度胸	女尊男卑
離	婚姻制度 廃止	男も女も万能の スーパーマン 状況によって変 化する雌雄同体	完全 ユニセックス化 (トイレも1つ)

高感度差異抽出法
Sensitive Differentiation Method

潜在的な評価項目までも含め、モノやサービスの評価項目を多数抽出・可視化するために行うセッション手法です。

システム思考手法の前段階として行うのが効果的です。

方　法

評価したい対象を表すカード（写真）を多数（10枚程度）と集計表（評価の切り口と、評価したい対象に○×を記入）を用意します。

∷

ランダムに 3 枚のカード（写真）を引き、何らかの根拠（評価項目）をもって 2 グループ（2 枚と 1 枚）に分けます。
分けた根拠（評価項目）と、どちらのグループが好ましいか（評価）を決め、集計表に記入し、その根拠に従って評価したい対象のカード（写真）をすべて評価し、集計表に○×を記入します。

∷

指定された時間、または新しい根拠（評価項目）が出てこなくなるまで続けます。

高感度差異抽出法の手順

ランダムに3枚のカードを選び
何らかの「評価の切り口」を根拠に、似ている2枚と
違う1枚に分け
好きなほうとそうでないほうを決め、集計表に書き
好きを○、そうでないほうを×とし、集計表の3枚の
カードの該当箇所に○×を記入し
残りのカードを同じ切り口で評価し、○×をつける。

好き

恋人と行く

いまいち

行かない

⑤山下公園

⑦満月BAR

評価の
切り口

⑧フュー
チャー
セッション

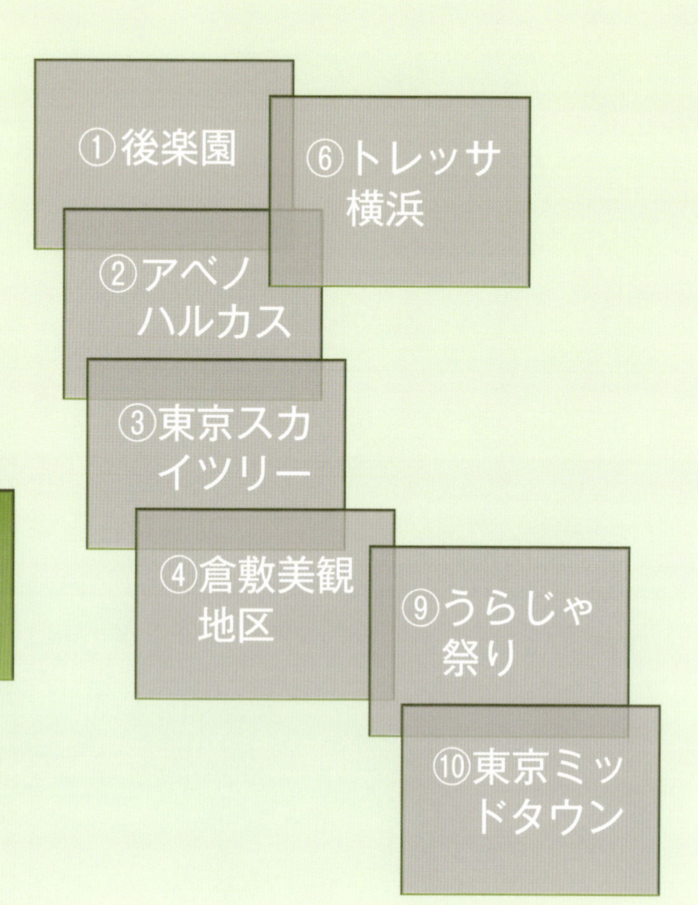

~17:50

評価の切り口（好き）	評価の切り口（いまいち）	① 後楽園	② アベノハルカス	③ 東京スカイツリー	④ 倉敷美観地区	⑤ 山下公園	⑥ トレッサ横浜	⑦ 満月BAR	⑧ フューチャーセッション	⑨ うらじゃ祭り	⑩ 東京ミッドタウン
恋人と行く	行かない	○	○	○	○	○	×	○	×	×	○
ショッピングを楽しめる	楽しめない	×	○	○	○	×	○	×	×	×	○
参加型	観るだけ	×	×	×	×	×	×	○	○	○	×
静かに会話	賑やかに会話	○	×	×	○	○	×	×	×	×	×
落ち着き	最新	○	×	×	○	○	×	○	×	×	×
発見がある	ない	×	○	○	○	×	×	×	○	×	○
低層階	高層階	○	×	×	○	○	○	○	○	○	×

指定時間またはもう出なくなるまで続ける

デザイン思考で考えるには

アイデアをまとめる / 絞り込むとき

ドット投票
(Dot Voting)

PMI
(Plus Minus Interest)

6つの帽子
(Six Thinking Hats)

KJ法
(Kawakita Jiro Method)

シナリオプランニング
(Scenario Planning)

シナリオグラフ
(Scenario Graph)

しあわせマトリックス
(Happiness Matrix)

ドット投票
Dot Voting

アイデアに優先順位を付けたり、重み付けをするために行うセッション手法です。

もっとも手軽で一般的に行われる、参加者の納得性の高い収束手法です。

方　法

参加者にシールを投票数分、配布します。

▪▪

関心のあるテーマやアイデアにシールを貼って投票します。

▪▪

全員が投票し終わったら集計し、得票数順に優先順位を定めます。

友人の成功を一緒に喜び、称える
感謝の気持ちを言葉や行動で相手に伝える
気前よくおごる

PMI
Plus Minus Interest

エドワード・デ・ボノ博士が開発した思考法のひとつです。

アイデアをプラス（Plus）、マイナス（Minus）、興味（Interest）の視点から評価します。

参加者の共感の低いアイデアを排除したいときに有効な収束手法です。

方　法

テーマやアイデアそれぞれに対して、プラス、マイナス、興味、という3つの列を用意します。

∷

それぞれ、プラス面、マイナス面、それ以外の興味のある点をリストアップします。

∷

プラス列は、リストアップした項目数×２点、マイナス列は項目数×−2点、興味は項目数×１点として、合計点を計算します。

∷

合計点順に優先順位を定めます。

男と女の未来についての フューチャーセッションを行う 婚活パーティー		
プラス	マイナス	興味
男女関係に関する相手の価値観や考えかたがよくわかる プレゼン能力や論理性など相手の知的能力や社交性、ユーモアのセンスなどがよくわかる 気軽に参加できる 会場さえあれば、とくに準備が必要なく、費用がかからない	一般への認知が低く、人が集まりにくい 演出や小細工が通じないため、特定の能力の高い人に人気が集中してしまう	いままでにない婚活の形で面白そう フューチャーセッションの認知がこれによって高まるかも
2×4＝8	−2×2＝−4	1×2＝2

6ポイント

8＋（−4）＋2＝6

6つの帽子
Six Thinking Hats

エドワード・デ・ボノ博士が開発した思考法のひとつです。

さまざまな角度からテーマやアイデアを検証・ブラッシュアップするために行います。

方　法

帽子に以下のような役割や視点を紐付けます。

■青：目的、ゴールを考える
■白：利用できる情報、事実を考える
■赤：直観的、感情的に考える
■黒：用心深く、保守的に考える
■黄：利益、利点を考える
■緑：クリエイティブに考える

参加者は好きな（あるいはランダムに）帽子をかぶり、帽子に紐付けられた視点から発想します。

情報
事実
クリエイティブ
創造的
用心
保守的

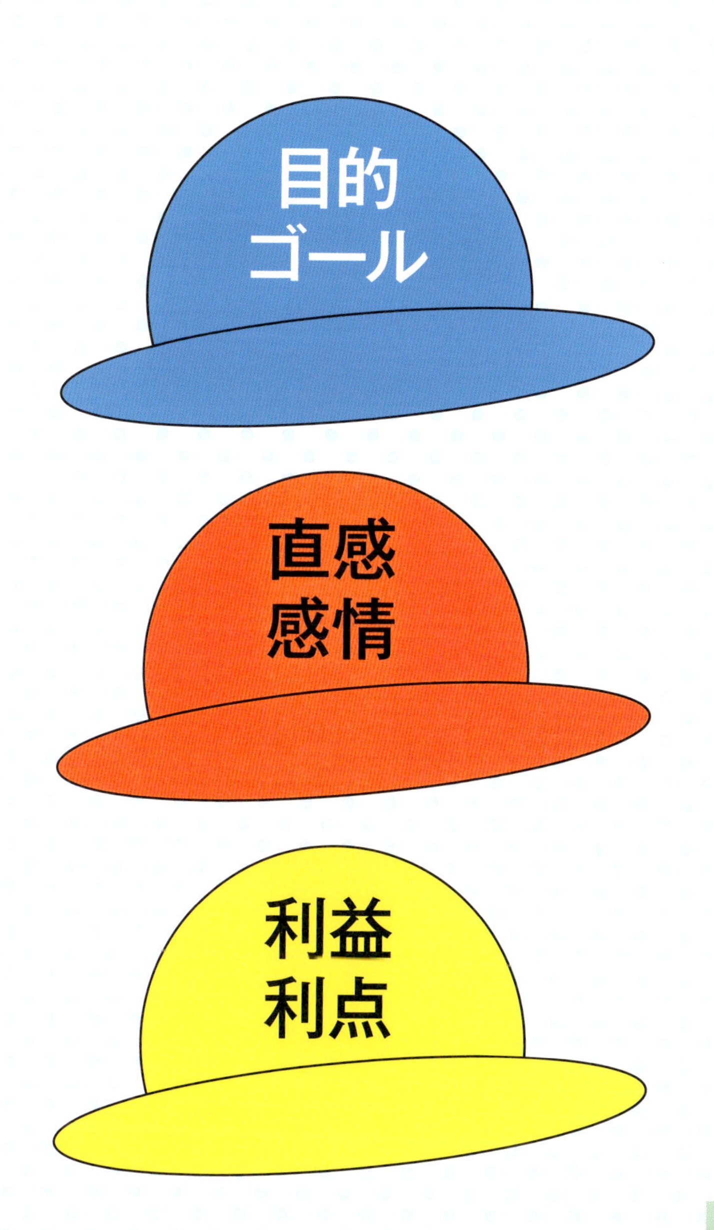
目的
ゴール
直感
感情
利益
利点

KJ法
Kawakita Jiro Method

川喜田二郎氏が考案した創造性開発技法です。

ブレインストーミングなどで出てきたデータから
アイデアを整理・創出するために使います。

方　法

アイデアを付箋紙に1件ずつ記入します。

∷

付箋紙を広げ、近いアイデアをグループにして
まとめていきます。

∷

まとめたグループにタイトルをつけます。

∷

グループ（タイトル）を再配置して、全体像が見
えやすい形に図式化します。

これはこっち
じゃない？
俺はこっちだ
と思うけど。
どっちだって
いいのに…

シナリオプランニング
Scenario Planning

将来起こりうる変化を複数（4つ）のシナリオとして描き出し、未来に対する洞察や考察を行うことで、不確実性に対応した戦略策定を行うためのセッション手法です。

未来を過去と現状の延長としてとらえるのではなく、起こりうる未来を仮想的に経験することでバックキャストしやすい状況をつくります。

方 法

ブレインストーミングなどの発散手法で「変化の兆し」を多数抽出します。

∷

変化の兆しを俯瞰し、変化の軸を創出します。

∷

収束手法などを用いて変化の軸を2つ選び出し、2軸を掛け合わせた4象限をつくります。

∷

それぞれの象限についての未来シナリオを考えます。

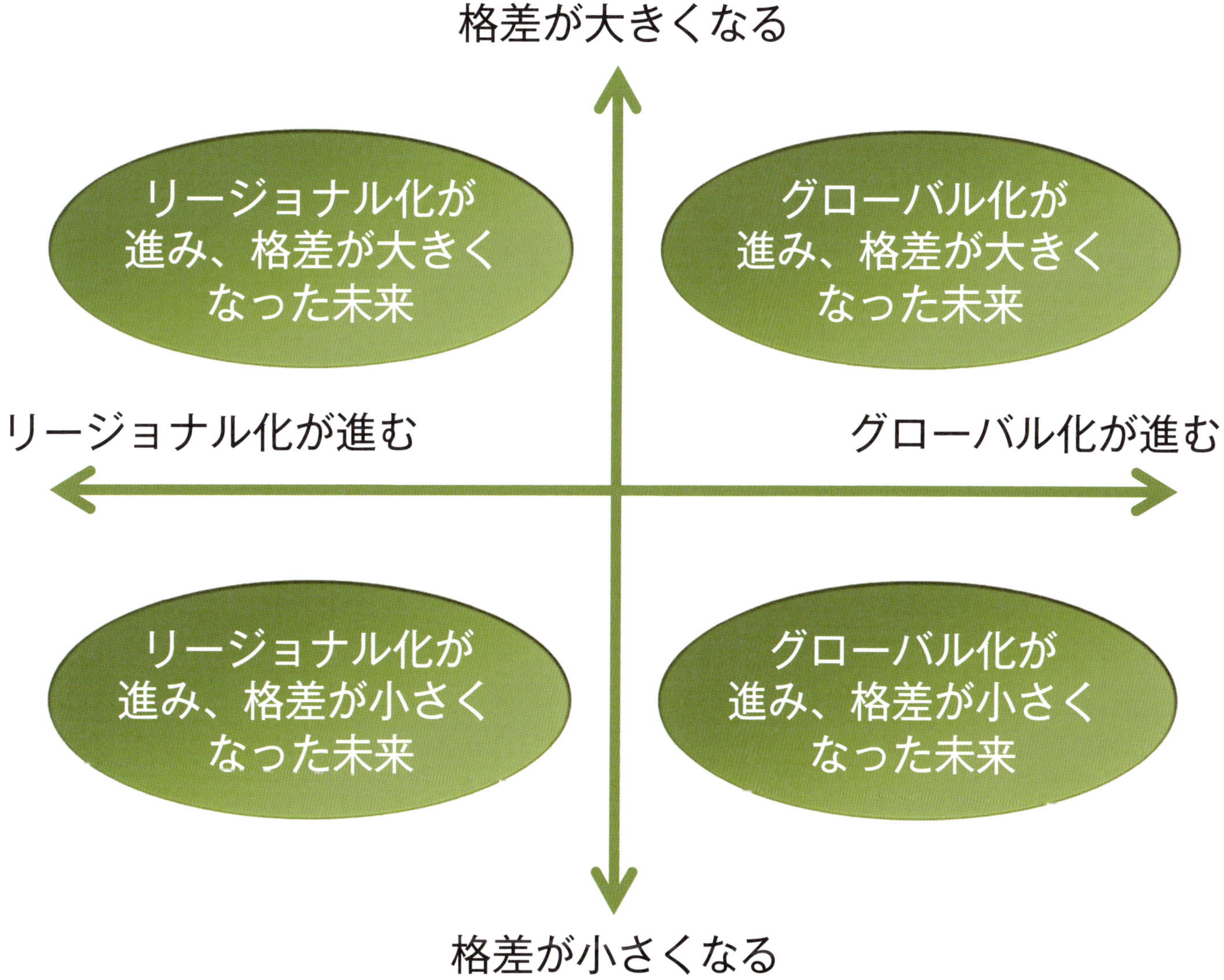

格差が大きくなる

リージョナル化が進み、格差が大きくなった未来

グローバル化が進み、格差が大きくなった未来

リージョナル化が進む

グローバル化が進む

リージョナル化が進み、格差が小さくなった未来

グローバル化が進み、格差が小さくなった未来

格差が小さくなる

シナリオグラフ
Scenario Graph

起こりうるシナリオを創造するために行うセッション手法です。

未来を過去と現状の延長としてとらえるのではなく、起こりうる未来を仮想的に経験することでバックキャストしやすい状況をつくります。

方　法

テーマ / 問いに関連した、ありうる「いつ」「どこで」「誰が / 誰に」「何をする / 何が起こる」をそれぞれについて多数アイデア出しします。

::

ドット投票などの収束手法で、「いつ」「どこで」「誰が / 誰に」「何をする / 何が起こる」について、それぞれ気になる3つを選定します。

::

シナリオグラフに可視化し、組み合わされた81通りの組み合わせ（3×3×3×3＝81）のなかから、ありうるシナリオを考えます。

いつ	お店の新装 オープン時に	出張の帰りに	通勤途中に
どこで	デパートで	駅ナカで	立ち飲み屋で
誰が 誰に	元カレが	彼女の友達が	自分の親が
何をする 何が起こる	スマホを買う	プロポーズする	口論になる

シナリオ１：もし、通勤途中に駅ナカで元カレと口論になったら
シナリオ２：もし、お店の新装オープン時にデパートで自分の親がスマホを買ったら

しあわせマトリックス
Happiness Matrix

行動と欲求の観点から、テーマやアイデアの「幸せへの貢献の可能性」を評価し、検証・ブラッシュアップするために行います。

幸せなシナリオを発想する際にも便利です。

方　法

アイデアが、行動と欲求の観点からつくられたしあわせマトリックスの各要素に対して、どの程度適合するかを話し合い、○△×の3段階で評価し、マトリックスに記入します。

∷

○の多い順にアイデアの優先順位を定めることができます。

∷

マトリックスの○を増やす（×を減らす）方法を話し合うことで、アイデアのブラッシュアップができます。

∷

○のついた箇所の行動と欲求をベースに幸せなシナリオを考えます。

お気に入りの喫茶店

			行動		
			利己的	利他的	
			利用	ほう助	運営
欲求	生物的	生存	○	×	×
		安全	○	×	×
	社会的	所属と愛	○	△	×
	精神的	承認	○	○	×
		自己実現	△	△	×

客が喫茶店の運営にまでかかわれるようにしたら・・・

デザイン思考で考えるには

アイデアを
アウトプットするとき

クイックプロトタイピング
（Quick Prototyping）

未来新聞
（Future Newspaper）

ビジネスモデルキャンバス
（Business Model Canvas）

共感マップ
（Sympathy Map）

即興劇
（Improvisation）

クイックプロトタイピング
Quick Prototyping

アイデアを素早く可視化し、フィードバックが得られる形にするためのセッション手法です。

キーワード、物語、絵、イラスト、マンガ、工作、粘土細工、劇、ビデオ、音楽などで表現します。

たとえば

- ■ 未来新聞
- ■ ビジネスモデルキャンバス
- ■ 共感マップ
- ■ 即興劇

などの形で可視化します。

方 法

指定された時間のなかで、問いやテーマに相応しい形で、プロトタイプ（試作品）をつくります。

∷

できる限り早く、わかりやすく、安く、プロトタイプをつくります。
プロトタイプは、発表し、フィードバックを受けて、何度もつくり直します。

∷

直列型プロトタイピング（一つのプロトタイプをつくり、それを元に改良を繰り返す方法）と並列型プロトタイピング（方向性の異なる複数個のプロトタイプをつくり、それらそれぞれに改良を繰り返し、最後に一つに絞り込む方法）があります。

キーワード、物語、絵、イラスト、マンガ、工作、
粘土細工、劇、ビデオ、音楽などで

アイデアを表現し、可視化する

未来新聞
Future Newspaper

グループをつくり、指定された時間内に各グループで指定されたテーマに沿った新聞記事を作成します。

未来にどんなハッピーなことが起こるのか（起こってほしいか）を考え、そのハッピーな出来事を中心にイメージを膨らませ、見出し、リード、本文を作成して記事に仕上げます。

■ 見出し
こんなハッピーなことが起こった

■ リード
ハッピーの概要

■ 本文
ハッピーの詳細（5W 1H、写真・イラスト・グラフ・図解など）

その後、各グループが発表し、フィードバックを受け、ブラッシュアップします。

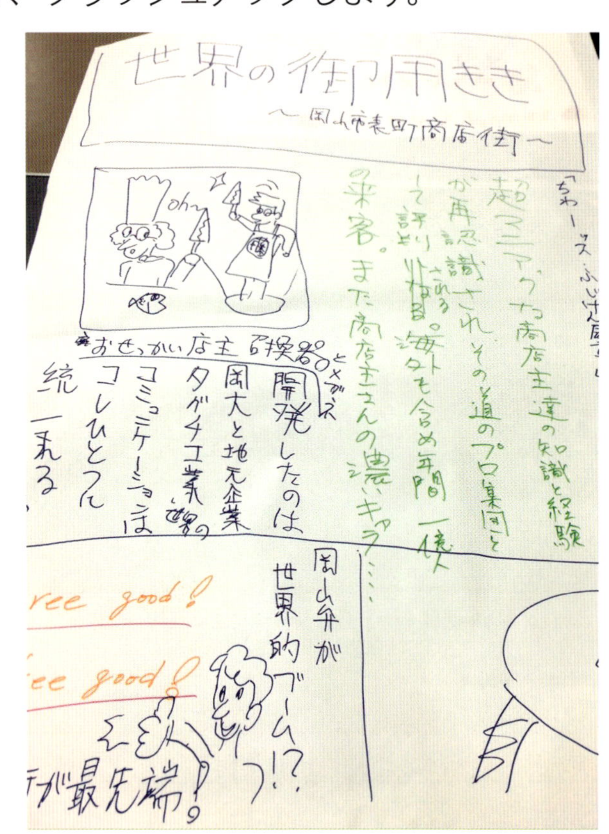

岡山市、世界第二の観光地域に躍進

地域ぐるみの「岡山を世界一の観光地に」キャンペーンが実を結び、2020年、国際観光協会が公表する国際観光地ランキングにおいて岡山市が2位となることが確実となった。

岡山市は、2014年からフューチャーセッションを重ね、地域住民の創意によって「岡山を世界一の観光地に」キャンペーンを制定、草の根的に活動を行っていた。

①市民ハイタッチ挨拶（市民全員がハイタッチで挨拶する）
②おせっかい活動（観光客に会ったら必ずお徳情報・穴場情報などを耳打ちする）
③穴場発掘活動（新たなお徳情報・穴場情報をつねに生み出す）
④適正食品規定や食習慣への完全対応（ユダヤ教のカシュルート、イスラム教のハラール、ラマダーン、ヒンドゥー教・ジャイナ教・仏教・一部カトリックの肉食禁止など）

などの地道な活動の積み重ねが実を結び、このほど、国際観光協会が毎年発表する旅行者数や旅行満足度などから算出される国際観光地ランキングにおいて岡山市が2位となることが、関係者の話からわかった。

長きにわたって、ヨーロッパ、ハワイが不動のワンツーであったランキングに、地元住民の地道でちょっとした行動の変化が激震を与えたことに、旅行関係者は驚きの声を上げている。

ビジネスモデルキャンバス
Business Model Canvas

グループをつくり、指定された時間内に各グループで指定されたテーマに沿ってビジネスモデルキャンバスを完成することでストーリーをつくります。

未来にどんなハッピーな出来事が起こるのか（起こってほしいか）を考え、その出来事を中心にイメージを膨らませ、価値提案 / 主要活動 / リソース / パートナーを具体的に描いていきます。

■ **どんな人たちや組織を巻き込んで**
■ **どんな手段・資源・リソースを使って**
■ **どんなアクションを実行したら**
■ **どんな幸せがいっぱいになった！**

を、文字・イラスト・雑誌の切り抜きなどで表現します。

その後、各グループが発表し、フィードバックを受け、ハッピーストーリーをブラッシュアップします。

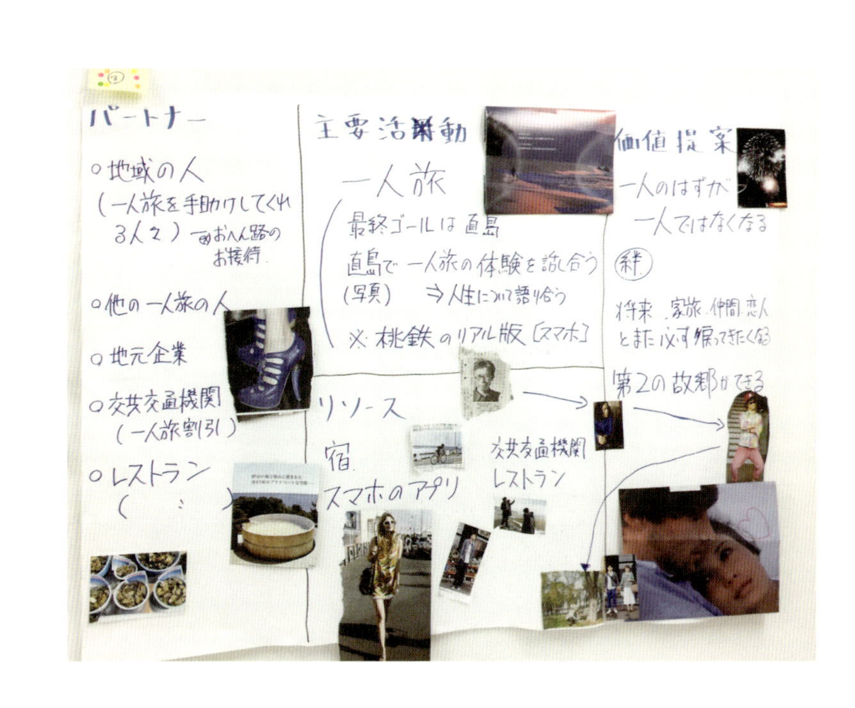

KP パートナー 誰と組む？ 誰の助けが 必要？	KA 主要活動 何をする？ KR リソース 何を使う？	VP 価値提案 どう役立つ？ 何に感謝され る？	CR 顧客との関係 どう関わる？ どう接する？ CH チャネル どう知らせる？ どう届ける？	CS 顧客セグメント 誰の役に立つ？ 誰に感謝され る？
C$ コスト構造 何が必要？ 何が足りない？		R$ 収益の流れ 何が手に入る？		

セッションでは、価値提案/主要活動/リソース/パートナーを中心に考えるが、
顧客との関係、チャネル、顧客セグメント、コスト構造、収益の流れまで
トータルで検討することで、ビジネスモデル全体を可視化することができる

共感マップ
Sympathy Map

グループをつくり、指定された時間内に各グループで指定されたテーマに沿って共感マップを完成しストーリーをつくり上げます。

未来にどんなハッピーな出来事が起こるのか(起こってほしいか)を考え、その出来事を中心にイメージを膨らませ

- ■ 何を考えている？ 何を感じている？
- ■ 何を見ている？
- ■ 何を聴いている？
- ■ 何を話している？ 何をしている？
- ■ 得たものは？
- ■ 失ったものは？

の6つの質問に答えていきます。

方　法

中心に横顔を書きます。

∷

グループで対話しながら、顔の前（眼の先）に見えているもの、後ろ（耳の後ろ）に聞こえているもの、上（頭の上）に考えていること・感じていること、下（口の下）に言ったこと・やったこと、下部に得たもの・失ったものを、文字・イラスト・雑誌の切り抜きなどで表現・記入します。

∷

その後、各グループが発表し、参加者からフィードバックを受け、ハッピーストーリーをブラッシュアップします。

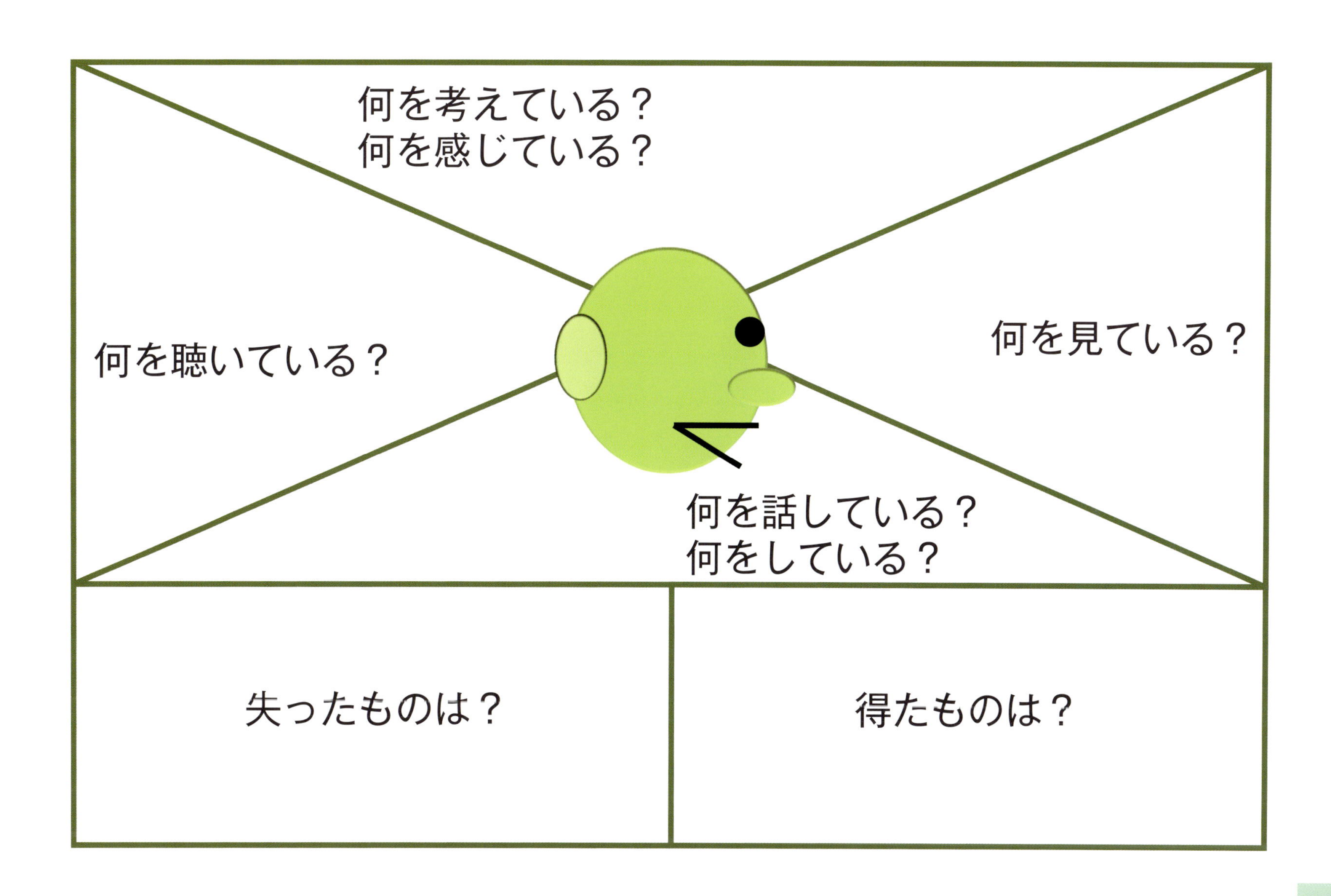
何を考えている？
何を感じている？
何を聴いている？
何を見ている？
何を話している？
何をしている？
失ったものは？
得たものは？

即興劇
Improvisation

グループをつくり、指定された時間内に各グループで指定されたテーマに沿って即興劇でストーリーを表現します。

未来にどんなハッピーな出来事が起こるのか（起こってほしいか）を考え、その出来事を中心にイメージを膨らませ、シナリオ化します。

恥ずかしがらず、おもいきって演じてみましょう。行動する度胸をつける練習にもなります。

方　法

テーマやアイデアをもっとも端的に表現できるペルソナや場面状況を考えます。

∷

本当に伝えたい項目だけに絞り込み、何がウリで他とどう違うのかを簡潔に表現できるよう、ストーリーや感情の変化を考えながら、シナリオや絵コンテに落とし込みます。

∷

チームメンバーが協力して、登場人物、ナレーター、舞台装置・音響・照明係などを分担し、30秒～1分の演劇でテーマやアイデアを表現します。

恥ずかしがらず、
おもいきって演じてみよう

よくあるセッションの構成 入門編

全員がよく知らない案件を扱うとき

サークル
（想いを共有する）
ラーニングジャーニー
（多様な知識を得る）
フィッシュボウル / 金魚鉢
（識者の知識を共有する）
ブレインストーミング
（多様な知識を共有する）
ドット投票
（問題を絞り込む）
未来新聞
（未来の問題解決を可視化する）
サークル
（気づきと行動宣言を共有する）

全員がよく知っている案件を扱うとき

サークル
（想いを共有する）
フィッシュボウル / 金魚鉢
（識者の知識を共有する）
ワールドカフェ
（多様な知識を共有する）
PMI
（問題を絞り込む）
ビジネスモデルキャンバス
（未来の問題解決を可視化する）
サークル
（気づきと行動宣言を共有する）

よくあるセッションの構成 中級編

識者の話を聞いた上で案件を扱うとき

サークル
（想いを共有する）
フィッシュボウル / 金魚鉢
（識者の知識を共有する）
ブレインストーミング
（多様な知識を共有する）
ドット投票
（問題を絞り込む）
シナリオプランニング
（多様な未来をイメージする）
共感マップ
（未来の問題解決を可視化する）
サークル
（気づきと行動宣言を共有する）

参加者を仲良くさせたいとき

サークル
（想いを共有する）
ストーリーテリング
（想いを深く共有する）
オープンスペーステクノロジー
（強い関係性を構築する）
即興劇
（強い関係性を構築する）
（行動する勇気を持つ）
サークル
（気づきと行動宣言を共有する）

よくあるセッションの構成　実務編

製品やサービスの新企画を考えたいとき

サークル
（想いを共有する）
プロジェクター・アンド・スクリーン
（参加者の想いを深く共有する）
ブレインストーミング
（多様な知識を共有する）
（たくさんのアイデアを出す）
ドット投票
（アイデアを絞り込む）
高感度差異抽出法
（評価項目を抽出する）
ロジックツリー
（評価構造を理解する）

クイックプロトタイピング
（試作品をつくる）
６つの帽子
（試作品を評価する）
クイックプロトタイピング
（試作品を改良する）
しあわせマトリックス
（試作品を評価する）
クイックプロトタイピング
（試作品を改良する）
PMI
（開発すべき企画を選ぶ）
（開発の優先順位をつける）

既存商品・サービスの
プロモーション企画を練るとき

サークル
（想いを共有する）
プロジェクター・アンド・スクリーン
（参加者の想いを深く共有する）
シナリオグラフ
（起こりうるシナリオを創造する）
オープンスペーステクノロジー
（強い関係性を構築する）
クイックプロトタイピング
（企画案をつくる）
6つの帽子
（企画案を評価する）
クイックプロトタイピング
（企画案を改良する）
ドット投票
（企画案を絞り込む）

フューチャーセンター

企業、政府、自治体などの組織が、中長期的な課題の解決、オープンイノベーションによる創造を目指し、さまざまな関係者を幅広く集め、対話を通じて新たなアイデアや問題の解決手段を見つけ出し、相互協力の下で実践するために、設けられる施設です。

施設は一般に、研修スペースや学習スペース、ミーティングスペースなどで構成されます。

フューチャーセンターそのものは施設を指し、そのなかで行われるセッションがフューチャーセッションです。

フューチャーセンターは欧州が発祥で、1996年にスウェーデンの保険会社、スカンディア社がストックホルム郊外のバクスホルムに開設したのが始まりといわれています。

フューチャーセンターは、新たなアイデアやイノベーションを誘発できるよう、非日常的な遊びの要素を取り入れたり、多様なテーマに対応できるよう天井や壁、床を移動可能にするなど、工夫が凝らされた空間デザインになっています。

また、フューチャーセンターが他の会議施設と最も異なる点は、ファシリテーターとよばれるフューチャーセッションをリードする専門家が会議をサポートする体制をとっている点です。

※フューチャーセンターは、日本では紺野登氏のKIRO株式会社の登録商標です。

工夫が凝らされた空間デザイン
ファシリテーターが会議をサポート

おわりに

唐突なのですが、日本は2014年現在、69年間、戦争がない国です。
それって、日本人にとっては当たり前のことなのですが、世界史を紐解くと、過去にこれほど長く平和が続いた、ある程度大きな国は皆無なんです。
つまり、人類である以上、長く平和を維持するのはとても難しいことなんですね。

「人を殺してはいけない」とか「他人のモノを盗んではいけない」とか、日本人にとってはあまりに当たり前すぎることでも、宗教的規範が強く平和教育をほとんど受けていない他国の人にとっては、まったく常識ではないこともあるのです。

むしろ、自分が生きるために他人を殺すのは当然であり、部族のために他部族を殺した者は英雄だったり、信仰のために異教徒を抹消することは正義だったりするのです。

自分の家族を殺されても相手を許せるだろうか？
2000年前に先祖がここに住んでいたからといって屋敷を突然知らない誰かに占拠されてもそれを許せるだろうか？
いまの私たちでは、まず間違いなく、そういう人たちを許せないでしょう。
「お前らは間違っている、だから俺たちの常識や正義に従え」ときっと言うでしょうね。

でも、実際には正義や常識が違う人が世の中にはいっぱいいて、その人たちの多様性を認めない限り争いは絶えないということを、いつも意識していてほしいのです。

もう、正しい/正しくないの二元論の世界は終わりにして、「みんな違ってみんないい」世の中を認めなければならないと思うのです。

「お前はおかしい、だからこの村の常識に合わせろ、矯正しろ」という考えは少しずつ弱めていってほしい。

みんなの幸せが増える世の中をイメージして、それに向かって各自が行動している世の中になってほしい。

そして、結果的に、「みんな違ってみんないい」世界を実現したい。

「お金」を増やすことが良いことだといういままでの常識というか呪縛から解放されて、「幸せ」を増やす努力をしようよ！
そんな想いで本書を書きました。
多くの方に活用していただけたらうれしいです。

主要な参考文献

- フューチャーセンターをつくろう ―対話をイノベーションにつなげる仕組み（野村恭彦）
- ゲームストーミング ―会議、チーム、プロジェクトを成功へと導く87のゲーム（Dave Gray、Sunni Brown）
- シナリオ・プランニング ―未来を描き、創造する（ウッディー・ウェイド）
- システム×デザイン思考で世界を変える ―慶應SDM「イノベーションのつくり方」（前野隆司、保井俊之）
- ビジネスモデル・ジェネレーション（アレックス・オスターワルダー、イヴ・ピニュール）
- U理論 ―過去や偏見にとらわれず、本当に必要な「変化」を生み出す技術（C・オットー・シャーマー）
- なぜ人と組織は変われないのか ―ハーバード流 自己変革の理論と実践（ロバート・キーガン、リサ・ラスコウ・レイヒー）
- ワーク・シフト ―孤独と貧困から自由になる働き方の未来図〈2025〉（リンダ・グラットン）
- ポジティブ心理学の挑戦 ―"幸福"から"持続的幸福"へ（マーティン・セリグマン）
- 幸せのメカニズム ―実践・幸福学入門（前野隆司）
- 「勇気」の科学 ― 一歩踏み出すための集中講義（ロバート・ビスワス＝ディーナー）
- ワークショップデザイン ―知をつむぐ対話の場づくり（堀公俊、加藤彰）
- ワークショップをつくる ―90分でわかるイノベーションを生む場づくり（中西紹一）
- ワークショップデザイン論 ―創ることで学ぶ（山内祐平、森玲奈）
- システム思考 ―複雑な問題の解決技法（ジョン・D・スターマン）
- 学習する組織 ―システム思考で未来を創造する（ピーター・M・センゲ）
- デザイン思考が世界を変える（ティム・ブラウン）
- コ・イノベーション経営 ―価値共創の未来に向けて（C・K・プラハラード、ベンカト・ラマスワミ）
- ソーシャルインパクト ―価値共創（CSV）が企業・ビジネス・働き方を変える（玉村雅敏、横田浩一、上木原弘修、池本修悟）
- イノベーションは日々の仕事のなかに ―価値ある変化のしかけ方（パディ・ミラー、トーマス・ウェデル＝ウェデルスボルグ）
- イノベーション対話ガイドブック（慶應義塾大学大学院システムデザイン・マネジメント研究科）
- メイク・スペース ―スタンフォード大学dスクールが実践する創造性を最大化する「場」のつくり方（スコット・ドーリー、スコット・ウィットフト）
- デザイン思考のポケット・ガイド（一般社団法人デザイン思考研究所）

【著者紹介】

林　俊克（はやし としかつ）

就実大学経営学部経営学科教授

1959年岡山県岡山市生まれ。岡山大学農学部、オークランド大学理学部、岡山大学農学研究科を経て1985年資生堂入社。1995年東北大学にて薬学博士号を取得。2013年に資生堂を退職し2014年より現職。主要担当科目はデータサイエンス、価値開発工学、ビジネスプランニング、サービス工学、マーケティングなど。岡山を中心とする東瀬戸経済圏の文化・経済発展支援、工学的アプローチ（システムデザインマネジメント、サービス工学、感性工学など）による価値開発支援が研究テーマ。受賞歴に日本動物実験代替法学会ゴールデンプレゼンテーション賞、多変量解析シンポジウム優秀事例賞、日本感性工学会出版賞。著書にJMPによる統計解析入門 第2版（オーム社）、JMPによる多変量データ活用術 2訂版（海文堂出版）、Excelで学ぶテキストマイニング入門（オーム社）、魅力工学の実践（海文堂出版）。

ISBN978-4-303-72455-9

ええ、会議が楽しいですが、なにか？

2015年1月25日　初版発行

著　者　林　俊克

検印省略

発行者　岡田節夫

発行所　海文堂出版株式会社

本社　東京都文京区水道2-5-4（〒112-0005）

電話 03（3815）3291㈹　FAX 03（3815）3953

http://www.kaibundo.jp/

支社　神戸市中央区元町通3-5-10（〒650-0022）

日本書籍出版協会会員・工学書協会会員・自然科学書協会会員

PRINTED IN JAPAN

印刷　ディグ／製本　誠製本

HAPPY FUTURE
すぐそこ